彩绘版

遥遥领（先）
↑
（后）顾之忧

# 课堂上的
# 成语游戏

汉语大字典编纂处/编著

汤梦谣/绘图

一知半（解）
（答）＋非所问
＝解答

四川辞书出版社

**图书在版编目（CIP）数据**

课堂上的成语游戏 / 汉语大字典编纂处编著；汤梦谣绘图. — 成都：四川辞书出版社，2022.1

（中华成语小课堂系列：彩绘版）

ISBN 978-7-5579-0926-0

Ⅰ．①课… Ⅱ．①汉… ②汤… Ⅲ．①汉语－成语－小学－教学参考资料 Ⅳ．①G624.203

中国版本图书馆 CIP 数据核字(2021)第 246518 号

# 课堂上的成语游戏

KETANG SHANG DE CHENGYU YOUXI

汉语大字典编纂处　编著　汤梦谣　绘图

| | |
|---|---|
| **策 划 人** / | 雷　敏 |
| **责任编辑** / | 雷　敏　袁一丹 |
| **封面设计** / | 艾　玛 |
| **责任印制** / | 肖　鹏 |
| **出版发行** / | 四川辞书出版社 |
| **地　　址** / | 成都市槐树街 2 号 |
| **邮　　编** / | 610031 |
| **印　　刷** / | 成都紫星印务有限公司 |
| **开　　本** / | 700 mm×1000 mm　1/16 |
| **版　　次** / | 2022 年 1 月第 1 版 |
| **印　　次** / | 2022 年 1 月第 1 次印刷 |
| **印　　张** / | 8.5 |
| **书　　号** / | ISBN 978-7-5579-0926-0 |
| **定　　价** / | 35.00 元 |

· 版权所有，翻印必究

· 本书如有印装质量问题，请寄回出版社调换

· 发行部电话：(028)87734281　87734332

# 前 言

　　成语是中华民族语言宝库中一颗璀璨的明珠，具有形象生动、简洁精辟等特点。如果我们在语言表达、行文写作中恰当地使用成语，就会达到事半功倍的效果。但是成语纷繁丰富，数量极多，对刚接触成语学习的小学生来说，要想掌握一定数量的成语，困难不少。为了增强小学生学习成语的兴趣，我们特地编写了这本《课堂上的成语游戏》。

　　本书以最新小学语文教材中的成语为主线，按照成语在课本中出现的年级顺序选取了104个成语，每一个成语下设置"释义""例句""近义词/反义词""插图""成语游戏""成语小课堂"栏目，每个年级设置"练一练"栏目，并借助这些栏目引出小学语文课堂上常用的1000余个成语。成语游戏是本书的特色，它通过形式多样的成语游戏启发小学生的思维，让小学生在潜移默化中理解和掌握大量成语。

各栏目主要内容如下：

1. 成语树状图：每个年级以成语的构词特点和释义为原则，分别对当前年级所学成语进行分类，并用树状图表示，放于篇章页，引导小学生学会对成语进行归纳总结。

2. 释义：成语释义简明、准确，便于小学生理解成语内涵。

3. 例句：例句丰富，强化运用。

4. 近义词／反义词：大部分成语列出近义词／反义词，拓展成语知识。

5. 插图：根据每个成语的本义或引申义配以精美插图。

6. 成语游戏：根据每个成语的不同内容配以不同的成语游戏，如成语接龙、看图猜成语、改正成语中的错别字、成语俗语连线、成语归类、成语迷宫等，内容活泼有趣。

7. 成语小课堂：补充与当页成语相关的知识，帮助小学生开阔视野，增加积累。

8. 练一练：每个年级均根据当前年级学习的主要成语配以不同练习题，帮助小学生巩固所学知识。

9. 参考答案：正文中各个题目均有相应参考答案，统一放在书后。

10. 附录：收录最新小学语文教材中的成语，扫描书中二维码即可查找和学习每个成语的释义和例句，既方便又实用。

相信本书能为小学生学习和运用成语提供有益的帮助，对书中存在的不当之处，敬请广大读者朋友指正。

编者

# 目 录

## 一年级

| | |
|---|---|
| 柳绿桃红 | 002 |
| 万众一心 | 003 |
| 万里无云 | 004 |
| 百花齐放 | 005 |
| 鸟语花香 | 006 |
| 七上八下 | 007 |
| 练一练 | 008 |

## 二年级

| | |
|---|---|
| 叶落归根 | 010 |
| 四面八方 | 011 |
| 百闻不如一见 | 012 |
| 五光十色 | 013 |
| 三言两语 | 014 |
| 千言万语 | 015 |
| 东张西望 | 016 |
| 狼吞虎咽 | 017 |
| 胆小如鼠 | 018 |
| 草长莺飞 | 019 |
| 兴致勃勃 | 020 |
| 恋恋不舍 | 021 |
| 锦上添花 | 022 |
| 大街小巷 | 023 |
| 九霄云外 | 024 |
| 九牛二虎之力 | 025 |
| 练一练 | 026 |

## 三年级

| | |
|---|---|
| 面红耳赤 | 028 |
| 橙黄橘绿 | 029 |
| 五彩缤纷 | 030 |
| 一叶知秋 | 031 |
| 五谷丰登 | 032 |
| 春华秋实 | 033 |
| 争先恐后 | 034 |
| 百发百中 | 035 |
| 百战百胜 | 036 |
| 四通八达 | 037 |
| 四平八稳 | 038 |
| 七嘴八舌 | 039 |
| 七手八脚 | 040 |
| 千姿百态 | 041 |
| 虎口逃生 | 042 |
| 昙花一现 | 043 |
| 练一练 | 044 |

## 四年级

| | |
|---|---|
| 浩浩荡荡 | 046 |
| 爱憎分明 | 047 |
| 三头六臂 | 048 |
| 一丝一毫 | 049 |
| 三顾茅庐 | 050 |
| 文质彬彬 | 051 |
| 相貌堂堂 | 052 |

鹤发童颜　　053
车水马龙　　054
鸡犬相闻　　055
五彩斑斓　　056
点睛之笔　　057
白雪皑皑　　058
朗朗上口　　059
金碧辉煌　　060
彬彬有礼　　061
练一练　　062

## 五年级

姹紫嫣红　　064
神气十足　　065
完璧归赵　　066
千真万确　　067
一五一十　　068
八仙过海，各显神通　　069
天南海北　　070
兵荒马乱　　071
千变万化　　072
面面相觑　　073
枝繁叶茂　　074
一知半解　　075
栩栩如生　　076
念念不忘　　077
茂林修竹　　078
顶天立地　　079
风花雪月　　080
一针见血　　081
跃跃欲试　　082
遥遥领先　　083
豆蔻年华　　084
花团锦簇　　085
练一练　　086

## 六年级

孤芳自赏　　088
形形色色　　089
惊天动地　　090
整整齐齐　　091
千钧一发　　092
滔滔不绝　　093
前功尽弃　　094
虎视眈眈　　095
怒气冲冲　　096
念念有词　　097
一模一样　　098
龙凤呈祥　　099
小心翼翼　　100
一丝不苟　　101
粉墨登场　　102
黄钟大吕　　103
画龙点睛　　104
妙笔生花　　105
马马虎虎　　106
三更半夜　　107
零七八碎　　108
一无所有　　109
两面三刀　　110
青面獠牙　　111
十全十美　　112
奄奄一息　　113
见微知著　　114
青出于蓝　　115
练一练　　116

参考答案　　117
附录：课本里的成语汇总　　125

# 一年级

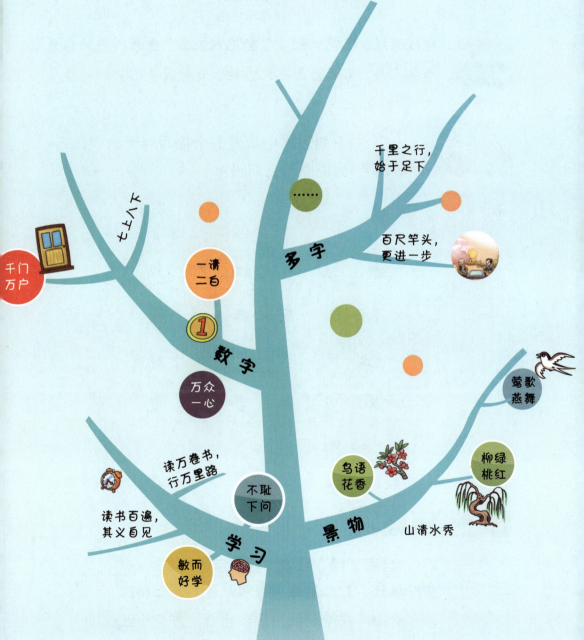

千里之行，
始于足下

七上八下

千门
万户

一清
二白

多字

百尺竿头，
更进一步

①

数字

万众
一心

莺歌
燕舞

读万卷书，
行万里路

不耻
下问

鸟语
花香

柳绿
桃红

读书百遍，
其义自见

学习

景物

山清水秀

敏而
好学

liǔ lù táo hóng

# 柳绿桃红

 柳枝碧绿，桃花嫣红。形容花木繁盛、色彩鲜艳的春色。

 阳春三月，北国仍是冰天雪地，而南国早已柳绿桃红了。

 下列表格中藏着五个描写春天的成语，你能圈出它们吗？

| 柳 | 绿 | 桃 | 红 | 肥 | 绿 |
|---|---|---|---|---|---|
| 春 | 暖 | 花 | 开 | 红 | 瘦 |
| 色 | 风 | 草 | 长 | 装 | 绿 |
| 满 | 园 | 锦 | 莺 | 飞 | 裹 |

**成语小课堂**

### 含有"绿"或者"红"字的成语

柳绿桃红　灯红酒绿　绿肥红瘦　花红柳绿

绿水青山　姹紫嫣红　唇红齿白　万紫千红

# 万众一心
wàn zhòng yī xīn

**释义** 千万人一条心。形容团结一致。

**例句** 只要万众一心，就没有克服不了的困难。

**近义词** 齐心协力　同心同德

**反义词** 各自为政

**成语游戏** 填一填成语里的数字，再让数字从大到小排序吧。

众一心　　辛万苦　　面玲珑　　神无主

万火急　　霄云外　　枝独秀　　步穿杨

从大到小排序：＿＿＿＿＿＿＿＿＿＿＿＿＿

**成语小课堂**

**"万众一心"成语接龙**

万众一心 → 心旷神怡 → 怡然自得 → 得过且过 →

过犹不及 → 及时行乐 → 乐此不疲 → 疲惫不堪

# wàn lǐ wú yún
# 万里无云

**释 义** 广阔的天空中没有一丝云彩。形容天气晴朗。

**例 句** 今天万里无云，又赶上春暖花开，咱们一起去踏青吧。

**近义词** 晴空万里

 **成语游戏** 你知道哪些关于云的成语呢？试着将下面有关云的成语补充完整吧。

里无云　　叱咤◯云

烟消云◯　　云◯风轻

◯霄云外　　◯眼云烟

腾云驾◯　　◯彻云霄

 **成语小课堂**

**描写天气的成语**

万里无云　冰天雪地　风和日丽　云淡风轻

电闪雷鸣　秋高气爽　天寒地冻　风雨交加

# 百花齐放
bǎi huā qí fàng

**释　义** 百花：各种花卉。齐：同时。各种各样的花卉同时开放。比喻不同流派和风格的艺术同时发展。

**例　句** 春天正是百花齐放的季节，五颜六色的花朵竞相绽放，大地穿上了绚丽的衣裳。

**近义词** 百花争艳　　　**反义词** 百花凋零

**成语游戏** 在千娇百媚、百花齐放的花花世界，你最欣赏什么花呢？下面的成语都含有美丽的花名，请你补全这些成语吧！

红 ○ 出墙　　　踏雪寻 ○　　　青 ○ 竹马

空谷幽 ○　　　春 ○ 秋 ○　　　人面 ○ ○

○ ○ 一现　　　明日 ○ ○　　　出水 ○ ○

**成语小课堂**

### 跟艺术创作相关的成语

百花齐放　　阳春白雪　　下里巴人　　才华横溢
别具匠心　　出神入化　　栩栩如生　　鬼斧神工

# 鸟语花香
niǎo yǔ huā xiāng

**释 义** 鸟鸣悦耳动听，花香沁人心脾。形容大自然的美好风光，多指春光明媚。

**例 句** 春天来了，公园里鸟语花香，景色宜人。

  **成语游戏** 很多成语里含有修辞手法，比如夸张、比喻、拟人等。下面的成语各属于哪一类？给它们归归类吧。

鸟语花香　三头六臂　怒发冲冠　兔死狐悲　胆大包天
刀山火海　呆若木鸡　闭月羞花　冷若冰霜　骨瘦如柴

| 夸张类 | 比喻类 | 拟人类 |
| --- | --- | --- |
| | | |

 **成语小课堂**

**描写春天的自然景象的成语**
鸟语花香　春暖花开　春色满园　草长莺飞
春回大地　春光明媚　春意盎然　万物复苏

# 七上八下
qī shàng bā xià

**释义** 形容心神慌乱不定、忐忑不安的样子。

**例句** 想着白天发生的事，我心中七上八下，不知如何是好。

**近义词** 心神不定 忐忑不安 **反义词** 镇定自若 若无其事

 **成语游戏** 歇后语手拉手。

| | |
|---|---|
| 十五个吊桶打水 | 没安好心 |
| 鲁班门前耍斧 | 横行霸道 |
| 小葱拌豆腐 | 七上八下 |
| 螃蟹过街 | 不自量力 |
| 黄鼠狼给鸡拜年 | 一清二白 |
| 孙悟空的脸 | 说变就变 |

**成语小课堂**

**成语计算器**

十全十美 - 三心二意 = 七上八下

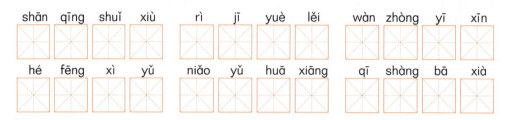

## 一、看拼音，写成语。

| shān | qīng | shuǐ | xiù | | rì | jī | yuè | lěi | | wàn | zhòng | yī | xīn |
|---|---|---|---|---|---|---|---|---|---|---|---|---|---|
| | | | | | | | | | | | | | |

| hé | fēng | xì | yǔ | | niǎo | yǔ | huā | xiāng | | qī | shàng | bā | xià |
|---|---|---|---|---|---|---|---|---|---|---|---|---|---|
| | | | | | | | | | | | | | |

## 二、看图猜成语。

1.＿＿＿＿＿＿＿＿＿＿　　2.＿＿＿＿＿＿＿＿＿＿

## 三、玩一玩成语接龙，看看小兔子能否采到蘑菇。

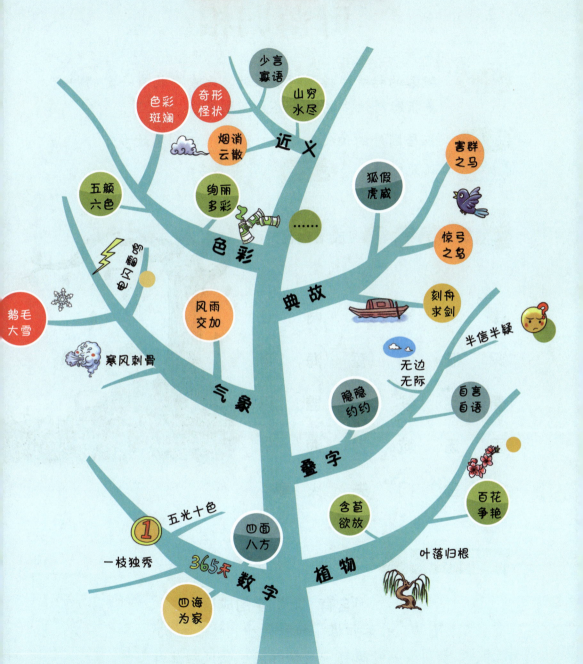

# yè luò guī gēn
# 叶落归根

**释 义** 飘落的枯叶，掉在树木根部。比喻事物有一定的归宿。多指客居他乡的人，终要回到家乡。

**例 句** 旅居国外的伯父，晚年叶落归根回到了故乡。

**近义词** 狐死首丘　　**反义词** 背井离乡

  成语迷宫。

| 叶 | 落 | 不 | 两 | 立 |
|---|---|---|---|---|
| 深 | 根 | 归 | 誓 | 海 | 竿 |
| 蒂 | 池 | 铁 | 山 | 盟 | 见 |
| 固 | 汤 | 城 | 刀 | 海 | 影 |
| 若 | 金 | 门 | 失 | 火 |

  **成语小课堂**

**含有"叶"字的成语**

叶落归根　粗枝大叶　叶落知秋

一叶障目　枝繁叶茂　秋风扫落叶

# sì miàn bā fāng
# 四面八方

**释义** 四面：东南西北；八方：东、东南、南、西南、西、西北、北、东北。泛指各个方面或各个地方。

**例句** 周六晚上，人们从四面八方赶来观赏这场震撼人心的演出。

**近义词** 五湖四海

 **成语游戏** 有些数字成语本身就带有"乘法"，请你根据左边的乘法算式，将右边的成语补充完整吧。

例： $4 \times 2 = 8 \rightarrow$ 四 面 八 方

$5 \times 2 = 10 \rightarrow$ ◯ 光 ◯ 色

$3 \times 2 = 6 \rightarrow$ ◯ 头 ◯ 臂

$1 \times 2 = 2 \rightarrow$ ◯ 刀 ◯ 断

$4 \times 2 = 8 \rightarrow$ ◯ 通 ◯ 达

**成语小课堂**

**成语计算器**

（一干二净 ＋ 一刀两断）×2＝ 四面八方

# 百闻不如一见
bǎi wén bù rú yī jiàn

**释　义**　闻：听见。听得再多，也不如亲眼见到一次。

**例　句**　都说"九寨归来不看水"，这次去九寨沟游玩，那里的水清澈如明镜，斑斓生五彩，果然是百闻不如一见。

**近义词**　耳听为虚，眼见为实

**成语游戏**　这里有一座成语砖墙，它是用四字以上的成语或俗语排成。请你在下列空格里填上适当的字，将这面成语砖墙砌完整吧。

| | 闻 | 不 | 如 | 一 | |
| 一 | 问 | | 不 | 知 | |
| | 之 | 计 | 在 | 于 | 春 |
| | 打 | 鱼 | | 晒 | 网 |
| 做 | 一 | 天 | | 撞 | 钟 |
| 少 | 壮 | 不 | 老 | 大 | 徒 |

**成语小课堂**

## "百闻不如一见"成语接龙

百闻不如一见→见义勇为→为之一振→振臂一呼→

呼风唤雨→雨过天晴→晴空万里→里应外合

wǔ guāng shí sè

# 五光十色

**释义** 五、十：表示多。光泽明亮、色彩鲜艳，花样繁多。

**例句** 到了秋季，葡萄一大串一大串挂在绿叶底下，有红的、白的、紫的、暗红的、淡绿的，五光十色，好看极了。

**近义词** 五彩缤纷 五颜六色

 将下面的成语补充完整，你会发现每一行填的字最后都能组成一道美食。

五光十 ◯ + ◯ 帮结派 = ◯◯

千人一 ◯ + ◯ 罗万象 = ◯◯

红光满 ◯ + ◯ 条框框 = ◯◯

火上浇 ◯ + ◯ 分缕析 = ◯◯

 **成语小课堂**

**形容颜色多种多样的成语**

五光十色　五颜六色　五彩斑斓　绚丽多彩

万紫千红　五彩缤纷　斑驳陆离　花花绿绿

# 三言两语

**释 义** 几句话。形容话很少。

**例 句** 我们提倡开短会，三言两语，只要把问题讲清楚就行了。

**近义词** 只言片语　　**反义词** 长篇大论　喋喋不休　千言万语

 小彬星期一的课程表没有抄，课程表的科目就隐含在下面的成语里，请你将成语补充完整，帮他填好课程表。

| | 第一节 | 第二节 | 第三节 | 第四节 | 第五节 | 第六节 |
|---|---|---|---|---|---|---|
| 星期一 | 1. | 2. | 3. | 4. | 5. | 6. |

1. 三言两🍎 + 🍎质彬彬 = 🍎🍎

2. 同日而🍎 + 🍎武双全 = 🍎🍎

3. 屈指可🍎 + 🍎无止境 = 🍎🍎

4. 浑然一🍎 + 生儿🍎女 = 🍎🍎

5. 十全十🍎 + 回天乏🍎 = 🍎🍎

6. 开天辟🍎 + 🍎屈词穷 = 🍎🍎

## 成语小课堂

### 含有"三"或者"两"字的成语

三言两语　三长两短　三三两两　三心二意

三更半夜　三顾茅庐　三头六臂　两面三刀

**014**

# 千言万语
qiān yán wàn yǔ

**释 义** 千句话万句话。形容要说的话很多。

**例 句** 千言万语说不尽我对老师的感激之情。

**反义词** 三言两语

 **成语游戏**

"言"和"语"是一对好朋友，经常一起出现在成语中。请你想一想，选出恰当的字补全这些成语。

☐言☐语　　　　　　　　☐言☐语

☐言☐语　　　　　　　　☐言☐语

☐言☐语　　　　　　　　☐言☐语

| 千 | 自 | 甜 | 万 |
| 三 | 不 | 花 | 蜜 |
| 巧 | 两 | 自 | 不 |

**成语小课堂**

第一个字和第三个字分别为"千""万"的成语

千言万语　千变万化　千差万别　千呼万唤

千军万马　千山万水　千丝万缕　千辛万苦

dōng zhāng xī wàng
# 东张西望

 **释 义** 到处张望。形容注意力不集中，到处看。

**例 句** 小明上课总是东张西望。

**近义词** 左顾右盼

 **成语游戏** 找一找这些成语的近义词。

东逃西窜　左顾右盼

原形毕露　卷土重来

 东张西望 　　 东躲西藏

东山再起 　　 东窗事发

 成语小课堂

含有"东""西"两个方位词的成语

东张西望　东躲西藏　东奔西走

声东击西　东倒西歪　东拉西扯

016

# 狼吞虎咽
láng tūn hǔ yàn

**释 义** 形容吃东西又猛又急的样子。

**例 句** 几个小家伙儿饥不择食，狼吞虎咽地吃了起来。

**近义词** 风卷残云　　**反义词** 细嚼慢咽

 **成语游戏** 很多成语里含有修辞手法，如夸张、比喻、拟人等。下面的成语各属于哪一类？给它们归归类吧。

①狼吞虎咽　②如花似锦　③胆大包天　④狐假虎威
⑤呆若木鸡　⑥兔死狐悲　⑦闭月羞花　⑧怒发冲冠
⑨冷若冰霜　⑩骨瘦如柴

夸张类：

比喻类：

拟人类：

 **成语小课堂**

### 描写吃东西的成语

狼吞虎咽　津津有味　大快朵颐
细嚼慢咽　茹毛饮血　风卷残云

# 胆小如鼠
dǎn xiǎo rú shǔ

**释 义** 胆子小得像老鼠。形容非常胆小。

**例 句** 想不到邻居家的一个大男孩竟然胆小如鼠！

**近义词** 胆小怕事

**反义词** 胆大妄为　胆大包天

**成语游戏** 你知道哪些描写胆小的成语呢？请你试着将下面的成语补充完整。

 胆 小 〇 鼠

 惊 慌 失 〇

 惊 〇 万 状

 惊 〇 之 鸟

 大 惊 〇 色

 心 有 余 〇

 心 惊 肉 〇

 畏 〇 畏 尾

 畏 〇 不 前

**成语小课堂**

含有"鼠"字的成语

胆小如鼠　鼠目寸光　投鼠忌器

# cǎo zhǎng yīng fēi
# 草长莺飞

**释 义** 绿草丰茂，黄莺飞舞。形容江南明媚的春景。

**例 句** 阳春三月，百花齐放，草长莺飞，到处一片春光融融的景象！

**成 语 游 戏** 将下面的成语与它们形容的季节连起来吧。

| 草长莺飞 | 火伞高张 | 天寒地冻 | 橙黄橘绿 |

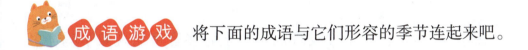

| 春 天 | 夏 天 | 秋 天 | 冬 天 |

| 鸟语花香 | 烈日炎炎 | 冰天雪地 | 秋高气爽 |

**成语小课堂**

**含有"草"字的成语**

草长莺飞　草木皆兵　草船借箭

寸草不生　斩草除根　结草衔环

# 兴致勃勃
xìng zhì bó bó

**释义**  勃勃：精神旺盛的样子。形容兴趣浓厚，兴头十足。多指心情愉快。

**例句**  他们几个老朋友谈得兴致勃勃，几乎都忘记吃饭了。

**近义词** 兴会淋漓　　**反义词** 兴致索然

 你发现成语里也有多音字的现象了吗？它们在成语里该怎么读？请把多音字填在圆圈里，并把读音标在前面的横线上。

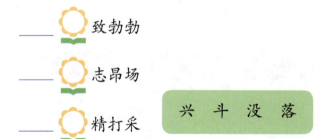

兴　斗　没　落

_____ ◯ 致勃勃

_____ 志昂 ◯ 场

_____ 精打 ◯ 采

_____ ◯ 花流水

_____ ◯ 师动众

_____ 才高八 ◯

_____ 神出 ◯ 鬼

_____ 丢三 ◯ 四

 **成语小课堂**

### BCAA 形式的常见成语

兴致勃勃　白发苍苍　虎视眈眈　大腹便便

大名鼎鼎　得意洋洋　风度翩翩　来势汹汹

# 恋恋不舍
liàn liàn bù shě

**释 义** 恋：依恋，留恋。舍：放弃，分离。非常留恋，舍不得离开。

**例 句** 我们兴致勃勃地参观，夕阳西下时，才恋恋不舍地离开。

**近义词** 依依不舍　难舍难分

 **成语游戏** 你知道哪些表达依恋的成语呢？试着将下面表达依恋之情的成语补充完整吧。

恋恋不〇　〇〇忘返

〇〇惜别　难〇难〇

依依不〇　牵〇挂〇

 **成语小课堂**

### AABC 形式的常见成语

恋恋不舍　亭亭玉立　欣欣向荣　依依惜别

夸夸其谈　念念不忘　井井有条　窃窃私语

jǐn shàng tiān huā
# 锦上添花

 **释义** 在锦上再添加鲜花。比喻使美好的事物更加美好。

 **例句** 他这篇文章文笔十分优美，字也写得漂亮，真称得上是锦上添花啊！

 **近义词** 精益求精

 **反义词** 雪上加霜

 **成语游戏** 将下面的成语补充完整，你会发现每一行填的字连起来都组成了一种食物名。

锦上添（　）＋（　）机勃勃 ＝

顺藤摸（　）＋（　）虚乌有 ＝

心慈手（　）＋（　）衣炮弹 ＝

传为佳（　）＋（　）开二度 ＝

**成语小课堂**

**含有"进步""更新"之意的成语**
锦上添花　刮目相看　日新月异
再接再厉　百尺竿头，更进一步

# 大街小巷
### dà jiē xiǎo xiàng

**释义** 城镇大大小小的街道和巷子。泛指都市的各个地方。

**例句** 春节前夕，大街小巷张灯结彩，到处充满着欢乐的气氛。

**近义词** 街头巷尾　前街后巷

 **成语游戏** 让小蜜蜂顺着正确的成语走，它就能走出下面这座成语迷宫。

| 大 | 巷 | 尾 | 轻 | 而 |
|---|---|---|---|---|
| 街 | 小 | 街 | 脚 | 易 |
| 卷 | 风 | 头 | 重 | 举 |
| 残 | 清 | 两 | 三 | 一 |
| 云 | 袖 | 两 | 三 | 反 |

**成语小课堂**

含有"大""小"这组反义词的成语

大街小巷　大惊小怪　大同小异

大呼小叫　小题大做　因小失大

# 九霄云外
jiǔ xiāo yún wài

 在九重天的外面。形容极高极远的地方或远得无影无踪。

 小英在路上贪玩，早把妈妈让她买酱油的事给抛到九霄云外了。

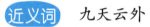 九天云外　　 近在咫尺

 小明要给小芸打电话，小芸的电话号码就藏在下面的成语中，请你补齐成语，按顺序连成一串数字，帮小明找到电话号码吧。

○ 霄云外　　　　半斤○ 两　　　　○ 头○ 臂

○ 面玲珑　　　　○ 顾茅庐　　　　○ 湖○ 海

 　电话号码：_____

## 成语小课堂

### 成语计算器
一本正经 + 八面玲珑 = 九霄云外
· 　　　　 · 　　　 ·

024

# jiǔ niú èr hǔ zhī lì
# 九牛二虎之力

**释 义** 拖动九头牛与刺杀两只虎的力气。比喻很大的力气。

**例 句** 小王费了九牛二虎之力，跑遍了整个山坡，才找到了一棵灵芝草。

**反义词** 缚鸡之力　吹灰之力

 **成语游戏** 下面这些成语都跟动物有关，试着填一填，将成语补充完整吧。

九〇二〇之力　　　　　　闻〇起舞

杯弓〇影　　〇假〇威　　胆小如〇

守株待〇　　〇吞〇咽　　〇年〇月

 **成语小课堂**

**常见六字成语**

九牛二虎之力　百闻不如一见　风马牛不相及
高不成低不就　陈芝麻烂谷子　过五关斩六将

## 一、看拼音，写成语。

| bīng | tiān | xuě | dì | | shān | qióng | shuǐ | jìn | | fēng | píng | làng | jìng |
|------|------|-----|-----|---|------|-------|------|-----|---|------|------|------|------|

| xìng | gāo | cǎi | liè | | shǎng | xīn | yuè | mù | | shān | gāo | lù | yuǎn |
|------|-----|-----|-----|---|-------|------|------|-----|---|------|------|------|------|

## 二、看图猜成语。

1._____    2._____

## 三、玩一玩成语接龙，看看小兔子能否采到蘑菇。

青 云 之 □ 存 高 □ 在 天 边
□ 长 莫 □ 时 行 □ 极 生 □ 近
加 □ □ 理 合 情 □ 离 欢 □ 在
马 □ 手 疾 □ 有 板 □ 未 所 □ 眼

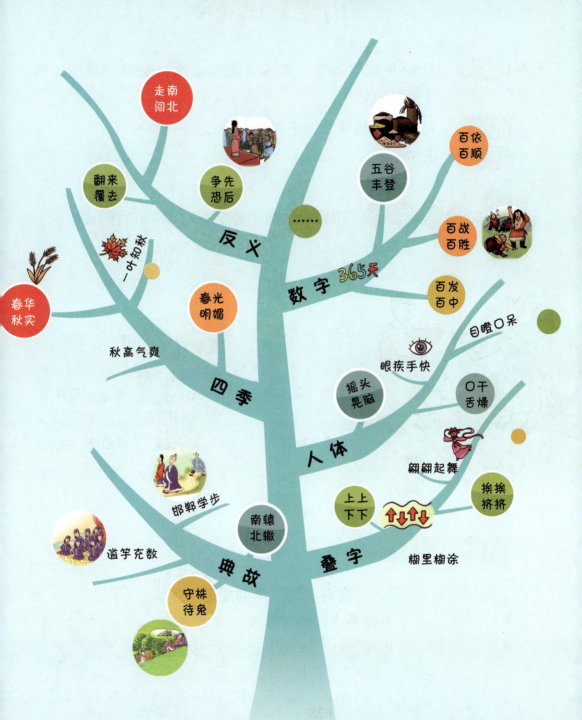

# 三年级

走南闯北

争先恐后

五谷丰登

百依百顺

翻来覆去

反义

百战百胜

······

一叶知秋

数字 365天

百发百中

春华秋实

春光明媚

目瞪口呆

秋高气爽

眼疾手快

四季

摇头晃脑

口干舌燥

人体

翩翩起舞

邯郸学步

挨挨挤挤

南辕北辙

上上下下

滥竽充数

典故

叠字

糊里糊涂

守株待兔

# miàn hóng ěr chì
# 面红耳赤

 **释义** 脸和耳朵都红了。形容着急、羞愧、激动、生气、用力等时的样子。

 **例句** 莉莉越说越结巴，急得面红耳赤。

 **反义词** 面不改色

  **成语游戏** 选择合适的字补全下列含有五官的成语。

面红____赤 ____疾手快

充____不闻 洗____恭听

眼 耳
鼻 口
舌

____是心非 有____无珠

嗤之以____ ____观六路 瞠目结____

**成语小课堂**

**含有"耳"字的成语**

面红耳赤　洗耳恭听　充耳不闻

掩耳盗铃　耳闻目睹　耳濡目染

**028**

# 橙黄橘绿
chénghuáng jú lǜ

**释 义** 橙子黄了，橘子绿了。指秋季景物。

**例 句** 候鸟南飞，树叶飘零，转眼又到了一年橙黄橘绿之时。

 **成语游戏** 填一填水果名，补全成语。

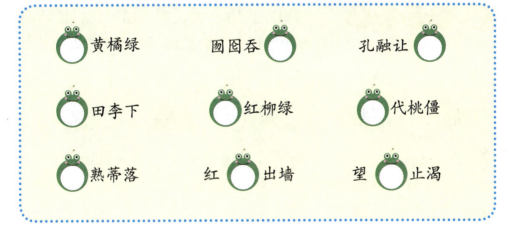

○黄橘绿　　囫囵吞○　　孔融让○

○田李下　　○红柳绿　　○代桃僵

○熟蒂落　　红○出墙　　望○止渴

## 成语小课堂

### "橙黄橘绿"成语接龙

橙黄橘绿→绿水青山→山高水低→低声下气→

气壮山河→河涸海干→干净利落→落叶归根

wǔ cǎi bīn fēn
# 五彩缤纷

 缤纷：繁多错杂的样子。形容色彩纷繁，艳丽悦目。

 节日的天安门广场五彩缤纷，令人眼花缭乱。

 五光十色　五颜六色

  "五彩"指青、黄、赤、白、黑，请将这五种颜色填入下面的成语中，使成语完整。

| 青 | 黄 | 赤 | 白 | 黑 |

◯◯不接　　　橙◯橘绿　　　一穷二◯

颠倒◯◯　　　◯出于蓝　　　平步◯云

◯纸◯字　　　面红耳◯　　　真相大◯

成语小课堂

### 成语计算器
一鸣惊人 + 四面楚歌 = 五彩缤纷

# yī yè zhī qiū
# 一叶知秋

**释义** 看到树叶落下,便知秋天到来。比喻从细微的变化可以推测事物的发展趋向。

**例句** 一叶知秋,树叶是秋天的信使。

**近义词** 见微知著

 **成语游戏** 看看下面的成语,你知道它们分别属于哪个季节吗?请把它们的序号填在相应的季节下面。

① 一叶知秋　② 烈日炎炎

③ 天寒地冻　④ 大地回春

⑤ 春暖花开　⑥ 秋高气爽

⑦ 冰天雪地　⑧ 草长莺飞

⑨ 火伞高张　⑩ 橙黄橘绿

⑪ 暑气逼人　⑫ 银装素裹

 春　天

 夏　天

 秋　天

 冬　天

 **成语小课堂**

## 数字成语接龙

一叶知秋→二话不说→三顾茅庐→四海为家→五彩缤纷→

六神无主→七上八下→八面玲珑→九牛一毛→十全十美

# 五谷丰登
wǔ gǔ fēng dēng

**释义** 五谷：一般指稻、黍(shǔ,黄米)、稷(jì, 高粱、谷子或不黏的黄米)、麦、菽(shū, 豆类)，泛指粮食作物。登：庄稼成熟。形容年成好，粮食丰收。

**例句** 今年风调雨顺，五谷丰登，农民们的辛勤劳作终于有了好的回报。

  填上农作物或水果的名称，组成成语。

五〇丰登　　无〇之炊　　〇田李下

顺藤摸〇　　囫囵吞〇　　〇断丝连

孔融让〇　　种〇得〇，种〇得〇

**成语小课堂**

**形容丰收和含有谷物的成语**

五谷丰登　春华秋实　硕果累累

沧海一粟　揠苗助长　一枕黄粱

# 春华秋实
*chūn huá qiū shí*

**释义** 华：古同"花"字。春天开花，秋天结果。比喻学问和德行或因果关系。

**例句** 春华秋实，没有农民们的辛勤栽培，哪有这硕果累累的大好收成呢？

**成语游戏** 你会玩成语接龙吗？现在，请你来试试接起下面这条"龙"吧。

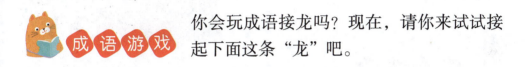

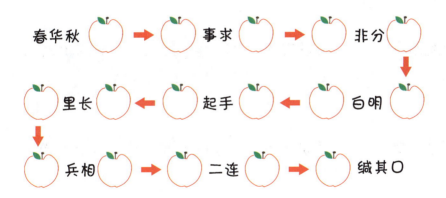

春华秋 ⭕ → ⭕ 事求 ⭕ → ⭕ 非分 ⭕

⭕ 里长 ← ⭕ 起手 ← ⭕ 白明 ⭕

⭕ 兵相 → ⭕ 二连 → ⭕ 缄其口

**成语小课堂**

含有"春""秋"两个季节的成语

春华秋实　春花秋月　春兰秋菊

zhēng xiān kǒng hòu
# 争先恐后

**释　义**　争着向前，唯恐落后。

**例　句**　大家争先恐后向灾区捐款。

**近义词**　不甘人后

**反义词**　甘居人后

 **成语游戏**　请找出下列成语中的错别字并改正。

| 争先恐厚 | 百花百中 | 眼急手快 | 洗耳公听 |
|---|---|---|---|

| 万紫千宏 | 清出于蓝 | 五谷风登 | 大步流兴 |
|---|---|---|---|

**成语小课堂**

含有"先""后"两个字的成语

争先恐后　先斩后奏　先来后到

先礼后兵　先人后己　先小人，后君子

# 百发百中
*bǎi fā bǎi zhòng*

**释义** 百：形容多。发：发射。中：射中。形容射击技术高超。也比喻办事有充分把握。

**例句** 青蛙是出了名的捕虫能手，它一看见害虫就把舌头弹射出去粘住虫子，百发百中。

**近义词** 百步穿杨　弹无虚发

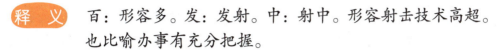 **成语游戏** 请把右边形容人的成语与左边对应的行为连起来。

| | |
|---|---|
| 枪法准 | 胆大包天 |
| 力气大 | 一目十行 |
| 胆子大 | 百发百中 |
| 想法多 | 大步流星 |
| 看书快 | 力能扛鼎 |
| 走路快 | 足智多谋 |

 **成语小课堂**

**含有计数单位的成语**

个中滋味　十万火急　百发百中　千篇一律　万众一心

# 百战百胜
bǎi zhàn bǎi shèng

**释　义**　打一百次仗，胜一百次。形容善于指挥作战，每战必胜，所向无敌。

**例　句**　要知己知彼，才能**百战百胜**，所以全面了解情况，分析情况是极重要的。

**近义词**　百战不殆　　**反义词**　屡战屡败

**成语游戏**　请你先将第一个成语补充完整，再想想你填的字的反义词，就能得到第二个成语了。

百战百 🍎 ⟷ 🍎 荆请罪

自力更 🍎 ⟷ 🍎 里逃生

声势浩 🍎 ⟷ 🍎 心翼翼

将错就 🍎 ⟷ 🍎 牛弹琴

异想天 🍎 ⟷ 🍎 怀备至

绝无仅 🍎 ⟷ 🍎 边无际

**成语小课堂**

### 成语中的历史人物
百战百胜—孙武　　破釜沉舟—项羽　　三顾茅庐—诸葛亮
望梅止渴—曹操　　背水一战—韩信　　纸上谈兵—赵括

# 四通八达
### sì tōng bā dá

| 释 义 | 四面八方都有道路可通。形容交通畅通无阻，十分便利。 |
| --- | --- |
| 例 句 | 改造后的城市，道路四通八达，交通极为方便。 |
| 近义词 | 畅通无阻 |

  以下俗语和成语哪一对是好朋友？请你试着连一连。

| 条条大路通罗马 | 镜花水月 |
| --- | --- |
| 篮子打水一场空 | 弱肉强食 |
| 一山不容二虎 | 强人所难 |
| 赶鸭子上架 | 四通八达 |
| 大鱼吃小鱼，小鱼吃虾米 | 两虎相斗 |

**成语小课堂**

**成语计算器**

四通八达 ÷ 一心一意 = 四平八稳

# 四平八稳
sì píng bā wěn

**释义** 形容位置非常平稳。也形容做事只求稳妥，不出差错。

**例句** 骆驼在戈壁滩上四平八稳地走着。

 **成语游戏** 含有"四"字的成语大比拼。

 四〇八稳

 四〇朝天

 家徒四〇

 四分〇裂

 四通〇达

 〇湖四海

 四〇八方

 四〇楚歌

 四〇为家

 **成语小课堂**

**形容缺乏创新精神的成语**

四平八稳　故步自封　按部就班

默守陈规　因循守旧　循规蹈矩

# 七嘴八舌
qī zuǐ bā shé

**释义** 形容人多嘴杂，议论纷纷。也形容饶舌多嘴。

**例句** 新的班规出来之后，同学们都七嘴八舌地议论起来。

**近义词** 众说纷纭　　**反义词** 异口同声

 **成语游戏** 将下面的成语补充完整，并写出得到的人体部位名称。

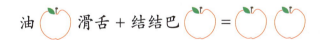

**成语小课堂**

**含有"嘴"或者"舌"字的成语**

七嘴八舌　油嘴滑舌　笨嘴笨舌

人多嘴杂　唇枪舌剑　张口结舌

# 七手八脚
qī shǒu bā jiǎo

**释 义** 许多人一齐动手。形容做事的人多或手忙脚乱。

**例 句** 大家七手八脚，一会儿就把新桌椅搬进了教室。

**近义词** 手忙脚乱 **反义词** 有条不紊

**成语游戏** 将下面的成语分分类，让它们回到自己的家吧，要注意有些成语不止一个家哦。

> 百花齐放 张口结舌 人面桃花 虎头虎脑
> 七手八脚 千军万马 出人头地 胸有成竹

包含动物的成语

包含植物的成语

包含器官的成语

**成语小课堂**

**含有"手""脚"两个字的成语**

七手八脚 大手大脚 手忙脚乱

指手画脚 碍手碍脚 缩手缩脚

qiān zī bǎi tài
# 千姿百态

 形容事物式样纷繁，姿态各异，变化无穷。

 溶洞里的石笋和钟乳石千姿百态，奇妙无比。

  填一填成语里的计数单位，再让它们从小到大排序吧。

 姿百态　　 全十美

 紫千红　　 战百胜

 中滋味

从小到大排序：＿＿＿＿＿＿＿＿

 成语小课堂

**含有"千""百"两个计数单位的成语**

千姿百态　千方百计　千奇百怪

千锤百炼　千疮百孔　千依百顺

# hǔ kǒu táo shēng
# 虎口逃生

**释 义** 虎口：指危险的境地。从老虎嘴里逃脱出来。比喻经历大难而侥幸保全生命。

**例 句** 他这次是虎口逃生，活着回来已是万幸。

**近义词** 死里逃生　　　**反义词**　　在劫难逃

 **成语游戏** 从金字塔的中心"虎"字出发，怎样才能顺畅地到达出口呢？请你用线连接成语把路线标出来吧。

| 不 | | |
| 息 | 虎 | 生 |

息 口 逃 生

相 关 怀 备 至 ➡

 **成语小课堂**

### 十二生肖成语接龙

胆小如鼠→对牛弹琴→虎口逃生→守株待兔→
画龙点睛→杯弓蛇影→老马识途→亡羊补牢→
沐猴而冠→鸡毛蒜皮→狗急跳墙→猪突豨勇

# 昙花一现
tán huā yī xiàn

**释义** 昙花开放后很快就凋谢。比喻稀有的事物或显赫一时的人物出现不久就消逝。

**例句** 机遇往往如昙花一现，所以要好好地把握。

**近义词** 电光石火　　**反义词** 百世不磨

 看看下面这座"成语山"，你能沿着成语组成的盘山公路顺利到达停车场吗？用线将路线连出来吧。

 **成语小课堂**

### 含有花卉名称的成语
昙花一现　出水芙蓉　春兰秋菊

梨花带雨　柳绿桃红　空谷幽兰

# 练一练

## 一、看拼音，写成语。

| yā | què | wú | shēng | tǎn | tè | bù | ān | cùn | bù | nán | xíng |
|----|-----|----|-------|-----|----|----|----|-----|----|------|------|
| | | | | | | | | | | | |

| diū | sān | là | sì | jīn | jīn | yǒu | wèi | qiè | qiè | sī | yǔ |
|-----|-----|----|----|-----|-----|-----|-----|-----|-----|----|----|
| | | | | | | | | | | | |

## 二、看图猜成语。

1._____        2._____

## 三、玩一玩成语接龙，看看小兔子能否采到蘑菇。

寸 步 难 □ 云 流 □ 天 相 □

久 天 □ 年 累 □ 貌 花 □ 光 □ 连

□ 发 焕 不

处 身 □ 地 造 □ 云 薄 □ 取 章 □

hào hào dàng dàng

# 浩浩荡荡

**释义** 原形容水势壮阔。后形容气势雄壮、规模巨大或者前进的人流声势浩大。

**例句** 长江的水浩浩荡荡地向东流去。

**近义词** 波澜壮阔

 **成语游戏** 成语大变身。

| 浩荡 ○— | 浩浩荡荡 |
|---|---|
| 婆妈 ○— | |
| 是非 ○— | |
| 支吾 ○— | |
| 三两 ○— | |

**成语小课堂**

**"浩浩荡荡"成语接龙**

浩浩荡荡→荡然无存→存心不良→良辰吉日→
日久天长→长途跋涉→涉水登山→山崩地裂

# ài zēng fēn míng
# 爱憎分明

**释义** 憎：恨。一个人的爱与恨界限清楚，态度鲜明。

**例句** 他这个人爱憎分明，从不肯违心地去讨好别人。

**近义词** 恩怨分明

 **成语游戏** 将下列成语补充完整，你会发现每一行填的字最后合在一起都组成了一个关于时间的词。

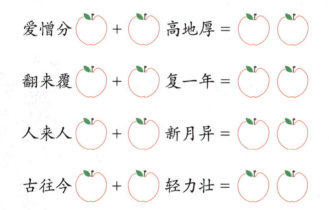

爱憎分〇 + 〇高地厚 = 〇〇

翻来覆〇 + 〇复一年 = 〇〇

人来人〇 + 〇新月异 = 〇〇

古往今〇 + 〇轻力壮 = 〇〇

 **成语小课堂**

**含有"爱"或"憎"字的成语**

爱憎分明　爱不释手　谈情说爱　嫌贫爱富

面目可憎　神憎鬼厌　爱憎无常　爱憎无常

# 三头六臂
### sān tóu liù bì

**释义** 指佛的法相有三个头，六只臂。比喻本领极大。

**例句** 他能取得今天的成就，并非他有三头六臂，而是他善于调动大家的积极性。

**近义词** 神通广大

**成语游戏** 补充下面乘法等式中的数字成语，使等式成立。

⚪头六臂 × ⚪零八落

= ⚪话不说 ⚪万火急 ⚪心一意

⚪花八门 × ⚪上八下

= ⚪长两短 ⚪全十美 ⚪湖四海

**成语小课堂**

**含有人体器官的成语**

三头六臂　垂头丧气　得心应手

慈眉善目　深入骨髓　膀大腰圆

## yī sī yī háo
# 一丝一毫

**释 义** 形容极其微小。

**例 句** 这是集体的财产，一丝一毫都不能侵占。

**近义词** 一厘一毫

 **成 语 游 戏** 数字成语接龙。

- 丝一毫
- 龙戏珠
- 顾茅庐
- 海为家
- 谷丰登
- 亲不认
- 步之才
- 面威风
- 霄云外
- 年寒窗

**成语小课堂**

### 成语计算器
一石二鸟 ＋ 一丝一毫 ＝ 七擒七纵 — 五湖四海

# sān gù máo lú
# 三顾茅庐

**释　义** 指刘备三次请诸葛亮辅佐的故事。后用来指诚心诚意一再邀请。

**例　句** 校长三顾茅庐，诚恳地邀请李老师主持高三年级的工作。

**近义词** 礼贤下士

 将下列成语补充完整，你会发现每一行填的字都能组成一个地名。

三顾茅 ○ ＋ ○ 崩地裂 ＝ ○ ○

杞人忧 ○ ＋ ○ 津有味 ＝ ○ ○

后来居 ○ ＋ ○ 阔天空 ＝ ○ ○

八仙过 ○ ＋ ○ 腔北调 ＝ ○ ○

成语小课堂

**成语计算器**

八仙过海
·
－ 五体投地
·
三顾茅庐
·

# 文质彬彬
wén zhì bīn bīn

**释义** 形容人举止文雅，态度端庄从容。

**例句** 别看他外表文质彬彬，做事可是风风火火的。

**近义词** 温文尔雅　彬彬有礼

 成语游戏

小彬星期一上午的课程表没有抄，课程表的科目就隐含在下面的成语里，请你补充成语，帮他填好课程表。

|  | 第一节 | 第二节 | 第三节 | 第四节 |
|---|---|---|---|---|
| 星期一 | 1. | 2. | 3. | 4. |

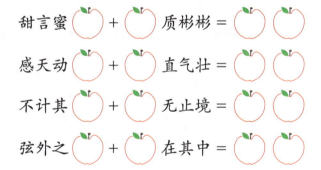

甜言蜜〇 + 〇质彬彬 = 〇〇

感天动〇 + 〇直气壮 = 〇〇

不计其〇 + 〇无止境 = 〇〇

弦外之〇 + 〇在其中 = 〇〇

 成语小课堂

**"文质彬彬"成语接龙**

文质彬彬→彬彬有礼→礼尚往来→来之不易→

易如反掌→掌上明珠→珠光宝气→气象万千

# 相貌堂堂
xiàng mào táng táng

**释　义**　堂堂：容貌庄重大方。形容人的仪表端庄魁梧。

**例　句**　这个小伙子相貌堂堂又知书达理。

**近义词**　仪表堂堂　一表人才

**成语游戏**

下列这些叠字成语，前半部分回家了，后半部分却迷路了，请你把迷路的成语宝宝送回家吧。

堂堂　　翼翼　　翩翩　　琅琅

小心　　书声　　相貌　　风度

**成语小课堂**

**用来形容人外貌的成语**

相貌堂堂　亭亭玉立　国色天香　一表人才

面如冠玉　出水芙蓉　眉清目秀　闭月羞花

052

# 鹤发童颜
hè fà tóng yán

**释义** 像白鹤羽毛那样雪白的头发，像孩童一般红润的脸色。形容老年人气色好，有精神。

**例句** 在登山的路上，我看见一些鹤发童颜的老人，他们精神焕发，拾级而上。

**近义词** 朱颜鹤发

**成语游戏** 成语迷宫。

| 鹤 | 发 | 童 | 颜 | 面 |
|---|---|---|---|---|
| 木 | 入 | 长 | 天 | 扫 |
| 三 | 直 | 驱 | 久 | 地 |
| 分 | 争 | 先 | 来 | 居 |
| 秒 | 必 | 恐 | 后 | 上 |

## 成语小课堂

### 含有"飞禽"的成语

鹤发童颜　百鸟朝凤　风声鹤唳　沉鱼落雁
鹏程万里　凤毛麟角　鹰击长空　莺歌燕舞

chē shuǐ mǎ lóng
# 车水马龙

 车子多得像流水，马多得像游龙。形容车马或车辆往来不断，繁华热闹。

 在首都长安街上，车水马龙，热闹非凡。

**近义词** 熙熙攘攘 川流不息 **反义词** 门可罗雀 门庭冷落

 **成语游戏** 发挥你的才能，把下面与"车"有关的成语和右侧相关的趣味解释连起来吧。

| | |
|---|---|
| 车水马龙 | 车子一辆接着一辆 |
| 川流不息 | 不能超速行驶 |
| 分道扬镳 | 车子跑得飞快 |
| 风驰电掣 | 十字路口右拐弯 |
| 欲速则不达 | 车像流水，马像游龙 |

 **成语小课堂**

**"车水马龙"成语接龙**

车水马龙→龙马精神→神通广大→大显身手→

手无寸铁→铁杵成针→针锋相对→对牛弹琴

# 鸡犬相闻
jī quǎn xiāng wén

 **释 义** 鸡鸣狗吠的声音都能听到。形容彼此居住得很近。也指人烟稠密。

**例 句** 他的家乡景色优美，鸡犬相闻，呈现出一派和谐的景象。

  **成语游戏** 成语自选商场（选择合适的字填入空格中）。

| 闻 | 听 | 观 | 看 |

鸡犬相〇　　袖手旁〇　　走马〇花　　雾里〇花

耳〇八方　　另眼相〇　　道〇途说　　〇鸡起舞

充耳不〇　　耳〇目睹　　察言〇色　　坐井〇天

**成语小课堂**

**含有"鸡"字的成语**

鸡犬相闻　杀鸡儆猴　鸡犬不宁　鸡飞蛋打
鸡毛蒜皮　鼠肚鸡肠　金鸡独立　闻鸡起舞

## 五彩斑斓
wǔ cǎi bān lán

**释 义** 五彩：各种颜色；斑斓：灿烂多彩。形容各种颜色错杂灿烂。

**例 句** 这火一样的颜色，被柞树、白桦、松树的金黄、雪白、翠绿等颜色一衬托，整个秋山就变成了五彩斑斓的世界。

**近义词** 五彩缤纷

下面的表格里，有6个形容色彩丰富的成语，你能一一圈出来吗？

| 黑 | 白 | 分 | 明 | 五 | 光 | 十 | 色 |
|---|---|---|---|---|---|---|---|
| 五 | 谷 | 丰 | 登 | 万 | 紫 | 千 | 红 |
| 颜 | 面 | 扫 | 地 | 绚 | 丽 | 多 | 彩 |
| 六 | 神 | 无 | 主 | 五 | 彩 | 斑 | 斓 |
| 色 | 彩 | 斑 | 斓 | 绿 | 草 | 如 | 茵 |

**成语小课堂**

### 成语计算器
五彩斑斓 − 一步之遥 = 四面楚歌

# diǎn jīng zhī bǐ
# 点睛之笔

**释义** 点睛："画龙点睛"的缩略语。笔：文笔。指文章传神绝妙之处。

**例句** 这段话在他的演讲中起了至关重要的作用，堪称点睛之笔。

**近义词** 神来之笔

**成语游戏** 将下列成语补充完整，你会发现每一行填的字都能组成一个人体部分的名称。

○疾手快 + 点○之笔 = ○○

爱不释○ + ○手画脚 = ○○

○清目秀 + 一○不拔 = ○○

油○滑舌 + 结结巴○ = ○○

**成语小课堂**

**含有"眼睛"这一器官的成语**

点睛之笔　有眼无珠　目瞪口呆　丢人现眼

大开眼界　火眼金睛　独具慧眼　眼花缭乱

# 白雪皑皑
bái xuě ái ái

**释 义** 皑皑：洁白的样子。形容积雪白得耀眼。

**例 句** 一场雪下过，整个小镇都变得白雪皑皑，一片银装素裹。

将下列成语补充完整，你会发现每一行填写的字最后合起来都能组成一种花的名称。

雪皑皑 + 青⬜竹马 = ⬜⬜

青山绿⬜ + ⬜风道骨 = ⬜⬜

蟾宫折⬜ + ⬜好月圆 = ⬜⬜

披星戴⬜ + ⬜盂之间 = ⬜⬜

**诗词成语接龙**

白雪皑皑→日行千里

依依不舍→山崩地裂→尽心竭力

**058**

# 朗朗上口
lǎng lǎng shàng kǒu

**释 义** 朗朗：形容声音清晰响亮。指诵读时的声音清晰而顺口。

**例 句** 他写的诗读起来朗朗上口。

 **成语游戏** 下列五官都有相关的成语，请你试着将下列成语补充完整。

口　耳　鼻　眉　眼

朗朗上〇　　面红〇赤　　眉来〇去

仰人〇息　　异〇同声　　洗〇恭听

〇是心非　　开山〇祖　　燃〇之急

 **成语小课堂**

### AABC 型的成语

朗朗上口　头头是道　代代相传　斤斤计较

历历在目　栩栩如生　碌碌无为　息息相关

## jīn bì huī huáng
# 金碧辉煌

**释 义** 形容华丽精致，光彩耀目。

**例 句** 远远望去，布达拉宫高耸入云，金碧辉煌，巍峨壮观。

**近义词** 富丽堂皇

谐音成语接龙是指下一个成语的第一个字的字音要和上一个成语最后一个字的字音相同或相似。现在就让我们来接龙吧。

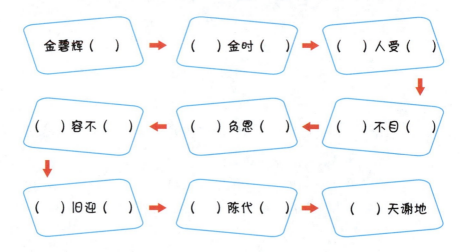

金碧辉（ ） ➡ （ ）金时（ ） ➡ （ ）人受（ ）

⬇

（ ）容不（ ） ⬅ （ ）负恩（ ） ⬅ （ ）不目（ ）

⬇

（ ）旧迎（ ） ➡ （ ）陈代（ ） ➡ （ ）天谢地

**成语小课堂**

### 含有金属的成语

| | | | |
|---|---|---|---|
| 金碧辉煌 | 火树银花 | 固若金池 | 铜墙铁壁 |
| 金戈铁马 | 削铁如泥 | 手无寸铁 | 钢筋铁骨 |

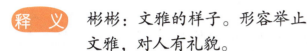

# bīn bīn yǒu lǐ
# 彬彬有礼

**释　义** 彬彬：文雅的样子。形容举止文雅，对人有礼貌。

**例　句** 导游小姐彬彬有礼的服务受到中外游客的一致好评。

**近义词** 文质彬彬　温文尔雅

**成语游戏**

下面分别是 ABCC 式和 AABC 式的叠字成语，请选词将它们补充完整。

○○ 有礼　　　　　　　　　　喜气 ○○

○○ 为营

楚楚　鼎鼎　彬彬
洋洋　步步　苍苍

白发 ○○

○○ 动人　　　　　　　　　　大名 ○○

**成语小课堂**

**"彬彬有礼"成语接龙**

彬彬有礼→礼尚往来→来日方长→长篇大论→
论功行赏→赏心悦目→目中无人→人山人海

# 练一练

## 一、看拼音，写成语。

| sān | gù | máo | lú | | chē | shuǐ | mǎ | lóng | | diǎn | jīng | zhī | bǐ |
|---|---|---|---|---|---|---|---|---|---|---|---|---|---|
| | | | | | | | | | | | | | |

| wǔ | cǎi | bān | lán | | xiàng | mào | táng | táng | | lǎng | lǎng | shàng | kǒu |
|---|---|---|---|---|---|---|---|---|---|---|---|---|---|
| | | | | | | | | | | | | | |

## 二、看图猜成语。

1._____          2._____

## 三、读句子，填入合适的成语。

1. 他这次下定了决心，没有（　　　）的犹豫。

2. 国庆节的时候，天安门广场前的游行队伍可谓是（　　　）。

3. 这位（　　　）的老人身体极好，酷爱登山。

4. 这个餐厅的服务员待客（　　　），服务热情周到。

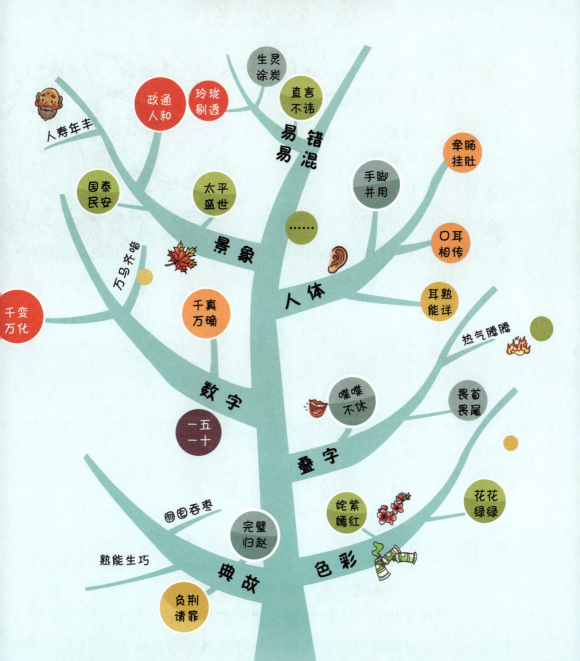

五年级

生灵涂炭

政通人和　玲珑剔透

直言不讳

人寿年丰

国泰民安　太平盛世

易 错 易 混

牵肠挂肚

手脚并用

……

口耳相传

万马齐喑　景象

千真万确

人体

耳熟能详

热气腾腾

千变万化

数字

喋喋不休

畏首畏尾

一五一十

叠字

囫囵吞枣　完璧归赵

姹紫嫣红

花花绿绿

熟能生巧

典故　色彩

负荆请罪

# 姹紫嫣红
*chà zǐ yān hóng*

**释　义** 姹：美丽。嫣：娇艳。形容各种颜色的花鲜艳美丽。

**例　句** 公园里百花齐放，姹紫嫣红，绚丽多彩。

**近义词** 万紫千红

 **成语游戏** 成语接龙。

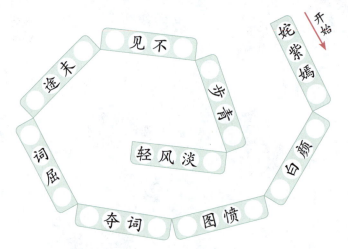

开始

姹紫嫣 → 白颜 → 图愤 → 夺词 → 词屈 → 途末 → 见不 → 步青 → 轻风淡

 **成语小课堂**

含有"紫"或"红"字的成语
姹紫嫣红　大红大紫　紫气东来　百紫千红
青红皂白　万紫千红　红灯绿酒　唇红齿白

# shén qì shí zú
# 神气十足

**释义** 形容自以为了不起而表现出的趾高气扬的样子。

**例句** 由于比赛胜利，小明又神气十足地出现在新闻发布会上。

**近义词** 神气活现 趾高气扬 **反义词** 垂头丧气 灰心丧气

**成语游戏** 请你在下面成语的空白处填上合适的数字，使等式成立。想一想，应该填什么数字呢？

○家争鸣 × 神气○足 = ○载难逢

○神无主 × ○霄云外 = ○湖○海

○头○臂 + ○心○用 = ○面○方

**成语小课堂**

**"神气十足"成语接龙**

神气十足→足智多谋→谋事在人→人杰地灵→

灵丹妙药→药到病除→除暴安良→良药苦口

wán bì guī zhào
# 完璧归赵

**释　义** 比喻把原物完好无损地归还原主。

**例　句** 请放心，这件东西我一定会完璧归赵。

将人物与相关成语连接起来。

| 完璧归赵 ○ | 赵高 ○ |
| 指鹿为马 ○ | 蔡桓公 ○ |
| 讳疾忌医 ○ | 匡衡 ○ |
| 多多益善 ○ | 李白 ○ |
| 举一反三 ○ | 孔子 ○ |
| 磨杵成针 ○ | 蔺相如 ○ |
| 凿壁偷光 ○ | 韩信 ○ |

**成语小课堂**

## 与历史典故相关的成语

完璧归赵　负荆请罪　破釜沉舟　孟母三迁
惊弓之鸟　一字千金　才高八斗　闻鸡起舞

# 千真万确

qiān zhēn wàn què

**释义** 形容情况非常真实，确凿无误。

**例句** 她不相信亲爱的妈妈会离她而去。可这是千真万确的事实啊！

**近义词** 不容置疑　　**反义词** 将信将疑

**成语游戏** 下面是一个奇妙的磁场，请你选一选意思相反的成语。

| 毫不费力 | 半信半疑 | 一模一样 | 三言两语 |

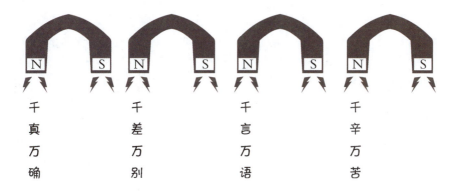

千真万确　千差万别　千言万语　千辛万苦

**成语小课堂**

### 含有"千"和"万"字的成语

千真万确　千秋万代　千山万水　千军万马

千变万化　千呼万唤　千秋万代　成千上万

# 一五一十
yī wǔ yī shí

**释 义** 五、十：计数单位。五个十个地将数目点清。形容叙述从头到尾，原原本本，没有遗漏。

**例 句** 他把发生的事情一五一十地对大家讲了一遍。

**近义词** 原原本本

 **成语游戏** 看数字猜成语。

5 和 10 ● ● ● ● ○ ○ ○ ○

1+2+3 ● ● ● ● ○ ○ ○ ○

124356789 ● ● ● ● ○ ○ ○ ○

333555 ● ● ● ● ○ ○ ○ ○

1、2、5、6、7、8、9 ● ● ● ● ○ ○ ○ ○

**成语小课堂**

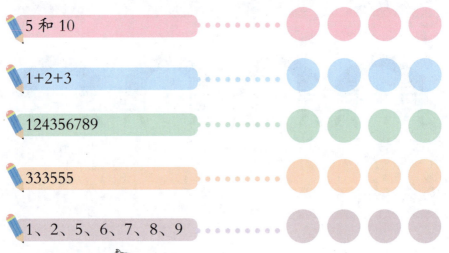

### "一五一十"成语接龙

一五一十→十万火急→急中生智→智勇双全→全心全意→意味深长→长驱直入→入木三分

# 八仙过海，各显神通
bā xiān guò hǎi　gè xiǎn shén tōng

**释义** 相传八仙过海时不用舟船，各有一套法术。后比喻各自拿出本领或办法，各显身手。

**例句** 在面对节目组设置的种种障碍时，选手们八仙过海，各显神通，都轻而易举地通过了考验。

 **成语游戏** 下列这些八字成语，前半部分和后半部分分开了，请你把它们连起来。

八仙过海　　　百年树人

十年树木　　　近墨者黑

近朱者赤　　　各显神通

眼观六路　　　耳听八方

 **成语小课堂**

**多字成语**

八仙过海，各显神通　　风马牛不相及

无巧不成书　　解铃还须系铃人

tiān nán hǎi běi

# 天南海北

 **释义** 形容相距遥远。还形容谈话没有中心，漫无边际。

 **例句** 他聊天时一会说这，一会说那，天南海北，让人跟不上他的节奏。

 下列每个成语都包含方位字，请将它们补充完整。

天〇海北

〇窗事发

喜出望〇

〇窗剪烛

秀外慧〇

走南闯〇

居高临〇

〇面称臣

 **成语小课堂**

**"天南海北"成语接龙**

天南海北→北门之叹→叹为观止→止渴望梅→

梅妻鹤子→子规啼血→血口喷人→人仰马翻

# 兵荒马乱
bīng huāng mǎ luàn

**释义** 荒：通"慌"，慌乱。形容战时社会动荡不安的景象。

**例句** 在那**兵荒马乱**的年代里，有几个人能像他那样，埋头在实验室里潜心研究？

 **成语游戏** 请将下列关于"马"和"兵"的成语补充完整。

| 马 |
|---|
| 千（　）万马　　马如游（　） |
| 马（　）龙沙　　车马盈（　） |
| （　）戈铁马　　万马（　）腾 |

| 兵 |
|---|
| 兵精粮（　）　　兵贵（　）速 |
| 先（　）后兵　　哀兵必（　） |
| （　）上谈兵　　（　）木皆兵 |

**成语小课堂**

### 含有"马"字的成语
兵荒马乱　　信马由缰　　单枪匹马　　害群之马
老马识途　　马失前蹄　　人高马大　　天马行空

qiān biàn wàn huà
# 千变万化

**释 义** 形容变化无穷无尽。

**例 句** 世界上各种事物的发展，虽然千变万化，但都有它自己的规律，都是可以被认识的。

**近义词** 变化多端

**反义词** 千篇一律

**成语游戏** 将下面的成语补充完整，你会发现每一行填的字都组成了一个学科名。

千变万 ⚪ + ⚪ 以致用 = ⚪ ⚪

窃窃私 ⚪ + ⚪ 武双全 = ⚪ ⚪

不计其 ⚪ + ⚪ 无止境 = ⚪ ⚪

冰天雪 ⚪ + ⚪ 直气壮 = ⚪ ⚪

**成语小课堂**

### 含有"变"字的成语

千变万化　摇身一变　风雨突变　变本加厉

谈虎色变　随机应变　瞬息万变　亘古不变

miàn miàn xiāng qù
# 面面相觑

**释义** 觑：看，瞧。你看着我，我看着你，不知如何是好的样子。形容惊惧或束手无策的样子。

**例句** 教练一气之下转身走了，队员们面面相觑，一时间不知如何是好。

 将下列成语补充完整，你会发现每一行填的字合在一起都能组成一种食物。

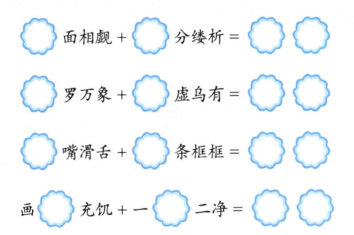

○面相觑 + ○分缕析 = ○○

○罗万象 + ○虚乌有 = ○○

○嘴滑舌 + ○条框框 = ○○

画○充饥 + 一○二净 = ○○

 **成语小课堂**

### 学以致用

凡听到令人惊惧的消息，人们一时呆了，互相瞪着眼，可用此语形容。

# zhī fán yè mào
# 枝繁叶茂

 释义　繁：繁盛。茂：茂盛。形容枝叶繁盛茂密。或比喻家族人丁兴旺，后代子孙多。

 例句　这棵榕树枝繁叶茂，宛如一把巨大的绿伞。

  成语游戏　让小蜜蜂顺着正确的成语走，它就能走出下面这座成语迷宫哦。

| 枝 | 修 | 竹 | 长 | 问 |
|---|---|---|---|---|
| 繁 | 林 | 报 | 问 | 短 |
| 叶 | 茂 | 平 | 好 | 小 |
| 乐 | 居 | 安 | 学 | 精 |
| 业 | 精 | 于 | 勤 | 悍 |

## 成语小课堂

### 含有"叶"字的成语

枝繁叶茂　一叶障目　粗枝大叶　金枝玉叶

叶落知秋　叶公好龙　枝繁叶茂　叶落归根

# yī zhī bàn jiě
# 一知半解

**释义** 指知道得不全面或理解得不透彻。

**例句** 满足于一知半解是不会进步的。

**成语游戏** 将下面的成语补充完整，你会发现每一行填的字都组成了一个有关说话的动词。

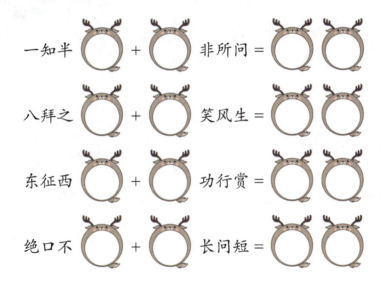

一知半 〇 ＋ 〇 非所问 ＝ 〇 〇

八拜之 〇 ＋ 〇 笑风生 ＝ 〇 〇

东征西 〇 ＋ 〇 功行赏 ＝ 〇 〇

绝口不 〇 ＋ 〇 长问短 ＝ 〇 〇

**成语小课堂**

**"一知半解"成语接龙**

一知半解→解铃还须系铃人→人情世故→故弄玄虚→

虚张声势→势均力敌→敌众我寡→寡廉鲜耻

xǔ xǔ rú shēng

# 栩栩如生

 形容非常生动逼真，像活的一样。

 雕刻大师的这幅作品栩栩如生，
令人叹为观止。

 惟妙惟肖

  成语接龙。

**与"栩栩如生"意思相近的成语**

跃然纸上　惟妙惟肖　活灵活现　呼之欲出

076

niàn niàn bú wàng

# 念念不忘

**释 义** 念念：不断地想念着。形容牢记心上，时刻也不忘记。

**例 句** 她对自己的大学同学念念不忘。

**近义词** 朝思暮想

**反义词** 置之脑后

**成语游戏** 把下列拆散的叠字成语连起来吧。

| | |
|---|---|
| 念念 | 玉立 |
| 忧心 | 琅琅 |
| 生生 | 不忘 |
| 亭亭 | 来迟 |
| 书声 | 忡忡 |
| 姗姗 | 不息 |

**成语小课堂**

### 含有"念"字的成语

念念不忘　私心杂念　万念俱灰　一念之差

念念有词　桑梓之念　不念旧恶　旧念复萌

# 茂林修竹
mào lín xiū zhú

 **释义** 修：长，高。茂密的树林，高高的竹子。形容环境十分优美。

**例句** 这里茂林修竹，山清水秀，是一个适合隐居的好地方。

**成语游戏** 将下列成语补充完整，你会发现每一行的字都组成了一个形容词。

○林修竹 + ○况空前 = ○○

○中不足 + ○事多磨 = ○○

○风亮节 + ○高采烈 = ○○

○水推舟 + ○令智昏 = ○○

 **成语小课堂**

### 含有植物的成语

茂林修竹　李代桃僵　桑榆暮景　柳暗花明

落叶归根　火中取栗　铁树开花　香草美人

# 顶天立地
dǐng tiān lì dì

**释　义** 头顶青天，脚踏大地。形容形象高大，气概雄伟豪迈。

**例　句** 感恩磨难，它锻造了一个个顶天立地的男子汉。

**近义词** 撑天挂地

 **成语游戏**

　　"天"和"地"是一对好朋友，经常一起出现在成语中，请你将以下拆散的含有"天、地"的成语连起来吧。

| | |
|---|---|
| 顶天 | 动地 |
| 天长 | 雪地 |
| 冰天 | 立地 |
| 天高 | 地久 |
| 天翻 | 地厚 |
| 惊天 | 地覆 |

**成语小课堂**

### 内含反义词的成语

顶天立地　求同存异　有始无终　异曲同工

大同小异　积少成多　白纸黑字　避重就轻

# fēng huā xuě yuè
# 风花雪月

**释义** 原指四时的自然美景，"春有百花秋有月，夏有凉风冬有雪"。后指内容空洞、辞藻华丽的诗文，也指爱情之事与花天酒地的生活。

**例句** 在唐末，王侯将相们醉心于风花雪月，过着奢靡的生活，而不顾百姓的疾苦。

**近义词** 花天酒地 吟风弄月

**成语游戏** "风花雪月"是由四个字并列构成的成语，类似这样的成语还有很多，你能将他们补充完整吗？

 古〇〇外
 东〇〇北
 日〇〇星

 天〇〇川
 〇墨〇砚
 琴棋〇〇

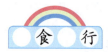 〇食〇行
 〇怒哀〇
 〇〇酱醋

**成语小课堂**

### "风"字成语大集合
风花雪月　风餐露宿　风尘仆仆
风驰电掣　风吹雨打　风调雨顺

# 一针见血

yì zhēn jiàn xiě

**释义** 比喻说话直截了当，切中要害。

**例句** 她这篇文章一针见血地指出了当前国学热的利害。

**近义词** 一语中的　言必有中

 **成语游戏** 成语之最连连看。

| | |
|---|---|
| 最能击中的要害 | 一针见血 |
| 最快的读书 | 一日千里 |
| 最宝贵的时间 | 一目十行 |
| 最长的腿 | 一步登天 |
| 最快的马 | 一刻千金 |

## 成语小课堂

### "一针见血"成语接龙

一针见血→血口喷人→人多势众→众口铄金→

金口玉言→言归于好→好高骛远→远走高飞

# 跃跃欲试
### yuè yuè yù shì

 形容心情急切地想要试一试。

 足球比赛的报名开始了，同学们都跃跃欲试。

 摩拳擦掌　蠢蠢欲动

  把下列近义成语用线连起来吧。

| | |
|---|---|
| 跃跃欲试 | 昏昏欲睡 |
| 无精打采 | 摩拳擦掌 |
| 为所欲为 | 痛不欲生 |
| 呼天抢地 | 随心所欲 |

 成语小课堂

### 学以致用

凡技艺竞赛方面的事情，未被邀请，而心中想试一下的，可用此语。

# yáo yáo lǐng xiān
# 遥遥领先

**释　义** 遥遥：远远，很远。远远地走在人家的前面。

**例　句** 我们的队员在比赛中一路遥遥领先到了终点。

**近义词** 一马当先

 **成语游戏** 请你将第一个成语补充完整，再想想你填的字的反义字，你就能得到第二个成语了。

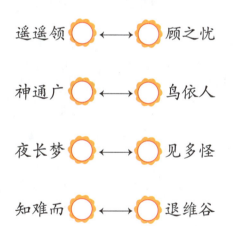

遥遥领 ◯ ⟷ ◯ 顾之忧

神通广 ◯ ⟷ ◯ 鸟依人

夜长梦 ◯ ⟷ ◯ 见多怪

知难而 ◯ ⟷ ◯ 退维谷

 **成语小课堂**

**含有"差距"之意的成语**

遥遥领先　云泥之别　望尘莫及　天壤之别

# 豆蔻年华
dòu kòu nián huá

**释义** 如同豆蔻花苞一样的年华。比喻十三四岁少女的美好年华。

**例句** 少女们正值豆蔻年华，浑身洋溢着青春的活力。

 从"豆蔻年华"开始，把每一组正确的四字成语接龙，连在一起吧。

| 月 | 雪 | 花 | 月 | 明 | 白 |
|---|---|---|---|---|---|
| 黑 | 豆 | 风 | 清 | 分 | 非 |
| 风 | 蔻 | 青 | 梅 | 求 | 是 |
| 高 | 年 | 华 | 而 | 事 | 情 |
| 枕 | 无 | 花 | 不 | 实 | 物 |
| 头 | 忧 | 心 | 忡 | 忡 | 体 |

**成语小课堂**

**表示年龄阶段的成语**

豆蔻年华　弱冠之年　黄发垂髫　不惑之年
半老徐娘　古稀之年　年过半百　耄耋之年

# 花团锦簇

huā tuán jǐn cù

 **释义** 像聚集到一起的花朵与锦绣。形容五彩缤纷、灿烂绚丽的景象。

 **例句** 公园里花团锦簇，景色宜人。

**近义词** 繁花似锦

**成语游戏** 小兔子要回家，可是回家的路上有好多危险。现在请你来帮忙，只要沿着形容花朵的成语走，就能让小兔子顺利回到家。

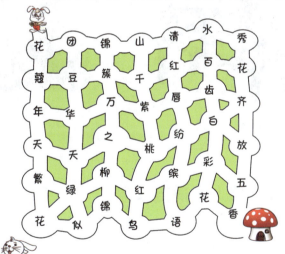

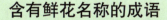 **成语小课堂**

**含有鲜花名称的成语**

花团锦簇　空谷幽兰　出水芙蓉　明日黄花

人面桃花　梨花带雨　昙花一现　春兰秋菊

练一练

## 一、看拼音，写成语。

| chà | zǐ | yān | hóng | miàn | miàn | xiāng | qù | xǔ | xǔ | rú | shēng |
|---|---|---|---|---|---|---|---|---|---|---|---|
| | | | | | | | | | | | |

| fēng | huā | xuě | yuè | yáo | yáo | lǐng | xiān | dòu | kòu | nián | huá |
|---|---|---|---|---|---|---|---|---|---|---|---|
| | | | | | | | | | | | |

## 二、看图猜成语。

1._____    2._____

## 三、读句子，填入合适的成语。

1. 请放心，这两件东西我一定会（　　　）。

2. 世界上的事物是（　　　）的，但都有其发展规律。

3. 画家徐悲鸿笔下的马儿真是（　　　）。

4. 目前，小强在积分榜上的排名仍是（　　　），他感到十分开心。

# 六 年 级

气象
情绪
动物
人体
典故
数字
品德
叠字

画龙点睛
骄阳似火
清风朗月
天寒地冻
满腔怒火
怒气冲冲
心平气和
马马虎虎
寒风呼啸
惊恐万分
脱缰之马
龙凤呈祥
心满意足
指手画脚
……
心惊肉跳
高山流水
轻手轻脚
鞠躬尽瘁
伯牙绝弦
三番五次
一尘不染
千钧一发
一丝不苟
365天
念念有词
锲而不舍
埋头苦干
滔滔不绝
虎视眈眈
勇往直前
坚强不屈
形形色色

gū fāng zì shǎng
# 孤芳自赏

**释 义** 把自己看成独一无二的香花而自我欣赏。指自命清高。也指脱离群众，自命不凡。

**例 句** 新来的女员工小张自恃年轻漂亮，孤芳自赏，目中无人。

**近义词** 顾影自怜　　**反义词** 妄自菲薄

**成 语 游 戏** 成语迷宫。

| 孤 | 芳 | 自 | 赏 | 心 |
|---|---|---|---|---|
| 口 | 众 | 人 | 无 | 悦 |
| 铄 | 势 | 多 | 中 | 目 |
| 金 | 马 | 到 | 败 | 垂 |
| 戈 | 铁 | 成 | 功 | 成 |

**成语小课堂**

### 含有"赏"字的成语

孤芳自赏　雅俗共赏　赏心悦目

论功行赏　赏心乐事　赏罚分明

# 形形色色
xíng xíng sè sè

**释义** 形容事物种类繁多，各式各样。

**例句** 海洋馆的鱼儿形形色色，种类繁多。

**近义词** 五花八门 各种各样

 **成语游戏** 成语自选商场(选出合适的字填入成语中)。

形形 ○○

巧言令 ○

厚 ○ 无耻

五 ○ 六 ○

颜 色

绘声绘 ○

和 ○ 悦 ○

喜形于 ○

○ 面扫地

行 ○ 匆匆

 **成语小课堂**

**"形形色色"成语接龙**

形形色色→色授魂与→与众不同→同心协力→

力不从心→心灵手巧→巧立名目→目瞪口呆

jīng tiān dòng dì
# 惊天动地

 惊：使惊动。动：使震动。使天地惊恐震动。形容声响巨大、声势浩大或意义、影响重大，令人震惊或感动。

**例 句** 随着一声惊天动地的巨响，中国第一颗原子弹爆炸成功。

 震天动地

 下列各行都是"天""地"两字分别在第二和第四个字的成语，请将它们补充完整。

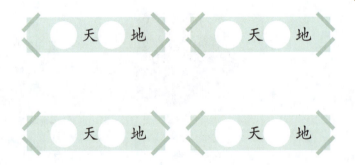

**成语小课堂**

### 内含反义词的成语
惊天动地　有增无减　生死不渝　名存实亡
欺软怕硬　进退两难　忙里偷闲　说长道短

# 整整齐齐
zhěng zhěng qí qí

**释 义** 形容有条理有秩序。

**例 句** 小明总是把书柜里的书摆得<u>整整齐齐</u>的。

**近义词** 井然有序

**反义词** 杂乱无章

**成 语 游 戏** 成语接龙。

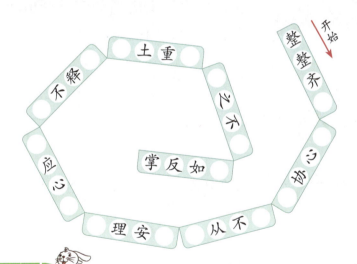

开始 整整齐齐 → 齐心协力 → 力不从心 → 心安理得 → 得心应手 → 手不释卷 → 卷土重来 → 来之不易 → 易如反掌

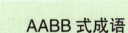

**成语小课堂**

## AABB 式成语

整整齐齐　形形色色　朝朝暮暮　唯唯诺诺
洋洋洒洒　三三两两　堂堂正正　七七八八

## qiān jūn yī fà
# 千钧一发

 **释义**　千钧重物用一根头发系着。形容形势万分危急。

 **例句**　小伙伴掉到了水缸里，在这千钧一发的时刻，司马光搬起石头砸开了水缸，救了小伙伴。

 **近义词**　迫在眉睫　火烧眉毛

 **成语游戏**　在括号里添上合适的字补全成语，并比比它们的大小，在圆圈中画上">""<"或"="符号。

千（　　）一发  半斤八（　　）　七上（　　）下 ○ （　　）牛一毛

（　　）弓蛇影  （　　）盘狼藉　（　　）差万别 ○ （　　）步穿杨

**成语小课堂**

**表示形势危急的成语**

千钧一发　虎口逃生　羊入虎口　如箭在弦

十万火急　势如累卵　鱼游釜中　岌岌可危

092

# 滔滔不绝
tāo tāo bù jué

**释义** 原指河水不停地奔流,永远不会止息。后也形容连续不断(多指话多)。

**例句** 他滔滔不绝地说了许多空话,从来没认真做过一件实事。

**近义词** 口若悬河 夸夸其谈

**成语游戏** 填一填近义词,让成语天平平衡吧。

水滴石穿　　口若悬河　　肝胆相照　　一尘不染

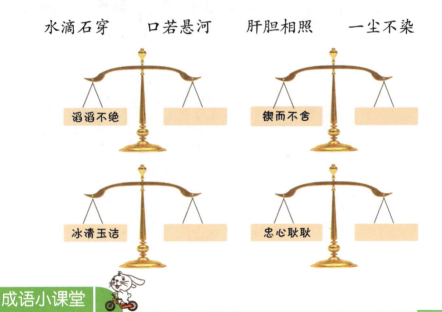

滔滔不绝　　　　　　锲而不舍

冰清玉洁　　　　　　忠心耿耿

**成语小课堂**

### AABC 式成语

滔滔不绝　闪闪发光　遥遥领先　依依不舍

哈哈大笑　念念不忘　津津有味　呱呱坠地

qián gōng jìn qì
# 前功尽弃

**释义** 以前的成绩全部废弃。指以前的努力全都白费。

**例句** 已经快登上泰山顶了，如果停下来，便会前功尽弃，坚持就是胜利。

**近义词** 付之东流　　**反义词** 大功告成

 **成语游戏** 近义成语对对碰。

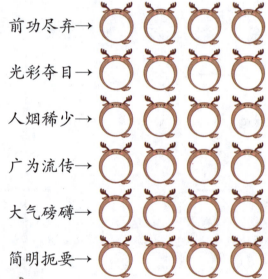

前功尽弃→

光彩夺目→

人烟稀少→

广为流传→

大气磅礴→

简明扼要→

**成语小课堂**

**"前功尽弃"成语接龙**

前功尽弃→弃暗投明→明枪暗箭→箭无虚发→

发愤图强→强人所难→难以置信→信口开河

# 虎视眈眈
hǔ shì dān dān

**释 义** 形容像猛虎一样狠狠地注视着。

**例 句** 敌人早已虎视眈眈，我们怎敢麻痹大意。

 **成语游戏** 在括号里填上合适的动物名，补全成语，并比较这些动物的大小，在横线上画上">""<"或"="符号。

视眈眈 ＿＿＿ 杯弓影

守株待 ＿＿＿ 对弹琴

虎入群 ＿＿＿ 盲人摸

鹤立群 ＿＿＿ 闻起舞

 **成语小课堂**

### 含有"虎"字的成语

虎视眈眈　龙潭虎穴　狼吞虎咽　如虎添翼

调虎离山　养虎为患　龙盘虎踞　虎口拔牙

# 怒气冲冲
nù qì chōng chōng

**释义** 满脸怒气，十分激动的样子。

**例句** 当她不问原因就批评他的工作时，他怒气冲冲地夺门而出。

**近义词** 怒气冲天

 **成语游戏** 成语自选商场(选出合适的字填入成语中)。

| 喜 | 怒 | 哀 | 乐 |

 气冲冲　　苦苦求　　气洋洋

出望外　　心花放　　津津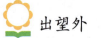道

欢天地　　安居业　　满腔火

**成语小课堂**

**表示愤怒的成语**

怒气冲冲　暴跳如雷　悲愤填膺　冲冠怒发

大发雷霆　令人发指　横眉怒目　火冒三丈

# niàn niàn yǒu cí
# 念念有词

**释　义** 念念：不停地念诵。迷信的人小声念咒语或说祈祷的话。现形容人嘟嘟囔囔说个不停。

**例　句** 老太太闭着眼睛，口中念念有词，已经在那里坐了好半天了。

**近义词** 自言自语　喃喃自语

**成语游戏** 补一补带有"有""无"的成语吧。

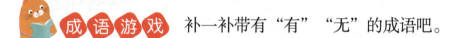

 念念有☐

有条☐☐

忧☐☐虑

 ☐☐无为

说☐笑☐

☐始☐终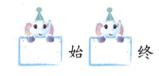

 ☐☐无主

别有☐☐

☐头☐尾

 成语小课堂

**"念念有词"成语接龙**

念念有词→词不达意→意气用事→事必躬亲→
亲如手足→足智多谋→谋事在人→人山人海

097

## yī mú yī yàng
# 一模一样

**释　义** 形容样子完全相同。

**例　句** 画面中的这只白天鹅简直和活的<u>一模一样</u>。

**近义词** 如出一辙

**反义词** 迥然不同

 **成语游戏** 下面各行都是"一模一样"形式的成语，请将它们补充完整。

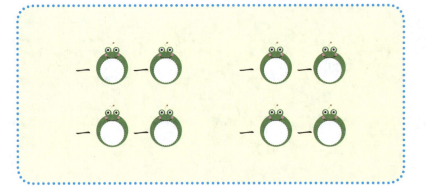

 **成语小课堂**

### 成语计算器
一模一样 ＋ 一清二白 ＝ 两面三刀

# lóng fèng chéng xiáng<br>龙凤呈祥

**释　义** 龙凤出现呈现出吉祥的征兆，指吉庆之事。

**例　句** 龙的传人过龙年，龙凤呈祥庆团圆。

**成语游戏** 请将下列成语补充完整，你会发现每一行填的字都能组成一个动词。

龙凤 ⚪ 祥 ＋ 丢人 ⚪ 眼 ＝ ⚪⚪

暴 ⚪ 如雷 ＋ 翩翩起 ⚪ ＝ ⚪⚪

蛮不讲 ⚪ ＋ 一知半 ⚪ ＝ ⚪⚪

东奔西 ⚪ ＋ 步 ⚪ 为营 ＝ ⚪⚪

**成语小课堂**

含有"龙"或"凤"字的成语

龙凤呈祥　龙飞凤舞　攀龙附凤　凤毛麟角
来龙去脉　蛟龙得水　二龙戏珠　鸾凤和鸣

# 小心翼翼
xiǎo xīn yì yì

 翼翼：恭敬谨慎的样子。形容人做事十分谨慎。

 这件实验仪器非常精密昂贵，大家一定要小心翼翼，轻拿轻放，以免损坏。

 谨小慎微　　 粗枝大叶

 下列各行都是含有"小"字的成语，请将它们补充完整。

小⬤翼翼　　小⬤鸡肠

小⬤碧玉　　小⬤玲珑

 成语小课堂

**ABCC 式成语**

小心翼翼　果实累累　两手空空　文质彬彬

兴致勃勃　气喘吁吁　热气腾腾　相貌堂堂

# yī sī bù gǒu
# 一丝不苟

**释义** 苟：苟且，马虎。指做事认真细致，一点儿不马虎。

**例句** 无论做什么事，他都一丝不苟。

**近义词** 精益求精　　**反义词** 敷衍了事

**成语游戏** 下面的表格里，有6个形容认真的成语，你能一一圈出来吗？

| 专 | 心 | 致 | 志 | 东 | 张 | 西 | 望 |
|---|---|---|---|---|---|---|---|
| 万 | 众 | 一 | 心 | 一 | 意 | 孤 | 行 |
| 才 | 聚 | 宝 | 盆 | 目 | 中 | 无 | 人 |
| 貌 | 精 | 一 | 丝 | 不 | 苟 | 言 | 笑 |
| 双 | 会 | 传 | 百 | 转 | 千 | 回 | 扣 |
| 全 | 神 | 贯 | 注 | 晴 | 石 | 为 | 开 |

**成语小课堂**

### "一丝不苟"成语接龙

一丝不苟→苟且偷生→生死之交→交头接耳→

耳目一新→新陈代谢→谢天谢地→地大物博

fěn  mò  dēng chǎng
# 粉墨登场

**释义** 指演戏前涂上粉或墨，装扮好了，登场演戏。今多借指登上政治舞台。

**例句** 音乐一响起，他们就粉墨登场，唱了一出黄梅戏。

**近义词** 优孟衣冠

**成语游戏** 下列成语都丢了一个字，你能补全它们吗?

 粉　 墨

 粉（　）登场

 涂脂抹（　）

 （　）守成规

 浓（　）重彩

 舞文弄（　）

 （　）白黛黑

**成语小课堂**

### 含有颜色的成语

粉墨登场　青云之志　金光闪闪　青面獠牙

青山不老　面红耳赤　万紫千红　青出于蓝

# huáng zhōng dà lǚ
# 黄钟大吕

**释义** 形容音乐或文辞庄严、高妙，气势宏大。

**例句** 这首乐曲如黄钟大吕，震撼人心。

**成语游戏** 填成语，记人名。

黄钟大 ⬡ + ⬡ 衣之交 = ⬡ ⬡

孝子贤 ⬡ + ⬡ 衡轻重 = ⬡ ⬡

声东击 ⬡ + 因材 ⬡ 教 = ⬡ ⬡

狗尾续 ⬡ + 金 ⬡ 脱壳 = ⬡ ⬡

**成语小课堂**

### "钟"字成语大集合

黄钟大吕　钟鸣鼎食　一见钟情

钟灵毓秀　晨钟暮鼓　情有独钟

huà lóng diǎn jīng
# 画龙点睛

 **释义** 比喻作文或说话时在关键地方加上精辟的语句，使内容更加生动传神。

**例句** 最后这段话十分精彩，在文中起到了画龙点睛的作用。

**成语游戏** 下列这几个有关"龙"或"虎"的成语，有些是褒义词，有些是贬义词。请你给它们分分类。

 画龙点睛

照猫画虎

卧虎藏龙

狐假虎威

虎视眈眈

叶公好龙

龙马精神

生龙活虎

 褒义词：

贬义词：

**成语小课堂**

有"故事"的成语

| 画龙点睛 | 亡羊补牢 | 坐井观天 | 邯郸学步 |
| --- | --- | --- | --- |
| 杯弓蛇影 | 滥竽充数 | 守株待兔 | 揠苗助长 |

# miào bǐ shēng huā
# 妙笔生花

**释 义** 形容笔法高超的人写出动人的文章。

**例 句** 只要多读书，多注意日常生活，自然就会有丰富的题材和素材，这样在写作时就能妙笔生花，得心应手，运用自如。

**近义词** 笔下生辉

 **成语游戏** 成语谜语连连看。

| | |
|---|---|
| 爱听爱看 | 妙 笔 生 花 |
| 十五个人吃饭 | 无 微 不 至 |
| 在北极说话 | 喜 闻 乐 见 |
| 挥毫画牡丹 | 七 嘴 八 舌 |
| 显微镜广告 | 自 力 更 生 |
| 遇事不求人 | 冷 言 冷 语 |

**成语小课堂**

### "妙笔生花"成语接龙

妙笔生花→花容月貌→貌合神离→离经叛道→

道听途说→说三道四→四面楚歌→歌舞升平

# mǎ mǎ hū hū
# 马马虎虎

**释 义** 形容做事草率，不认真、不仔细。也指勉强凑合。

**例 句** 终身大事要慎重，怎么能马马虎虎？

**近义词** 粗心大意　　　**反义词** 一丝不苟

**成语游戏** 下列天平上的四个叠字成语，请你选择它们各自的近义词，填入合适的位置，让天平平衡吧。

粗心大意　　　含糊其词　　　若隐若现　　　时续时断

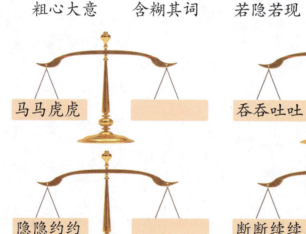

马马虎虎

吞吞吐吐

隐隐约约

断断续续

**成语小课堂**

## AABB 式的成语

马马虎虎　慌慌张张　密密麻麻　慢慢吞吞

恍恍惚惚　规规矩矩　端端正正　踉踉跄跄

# 三更半夜

sān gēng bàn yè

**释义** 旧时把一夜分成五个更次，每更约两小时，三更相当于夜间 12 点左右。泛指深夜。

**例句** 还有不到十天就要考试了，他临阵磨枪，三更半夜才睡觉。

**近义词** 深更半夜

 将下列成语与它们对应的时刻连起来吧！

旭日东升　　艳阳高照　　雄鸡报晓　　繁星满天

早晨

中午

晚上

三更半夜　　日上三竿　　烈日当空　　骄阳似火

 **成语小课堂**

**"三更半夜"成语接龙**

三更半夜→夜长梦多→多多益善→善罢甘休→
休戚与共→共商国是→是非曲直→直言不讳

# 零七八碎

líng qī bā suì

**释义** 形容又零碎又乱。也指零散而没有系统的事情或没有大用的东西。

**例句** 零七八碎的东西放满了一屋子。

**近义词** 杂乱无章

将下列成语补充完整，你会发现每一行填的字都组成了一个描写步伐的名词。

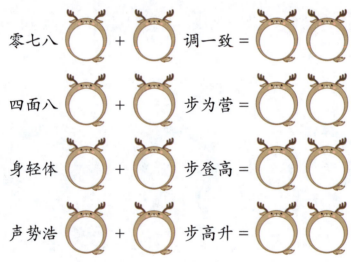

零七八 ◯ + ◯ 调一致 = ◯ ◯

四面八 ◯ + ◯ 步为营 = ◯ ◯

身轻体 ◯ + ◯ 步登高 = ◯ ◯

声势浩 ◯ + ◯ 步高升 = ◯ ◯

**成语小课堂**

### "七" "八" 成对

零七八碎　七上八下　横七竖八　七零八落

杂七杂八　七手八脚　七嘴八舌　乱七八糟

# 一无所有
yī wú suǒ yǒu

**释 义** 什么也没有。

**例 句** 虽然他现在一无所有，但是广博的学识和睿智的头脑一定会让他事有所成的。

**近义词** 一贫如洗　家徒四壁

**反义词** 一应俱全　应有尽有

 **成语游戏** 只要填出加点字的反义词就能组成成语，快来试试吧。

一〇所有　东张〇望　顶天立〇　积〇成多

喜新厌〇　〇来后到　〇龙去脉　南辕〇辙

〇顾右盼　七上八〇　前呼〇拥　〇应外合

 **成语小课堂**

### 反义成语对对碰

一无所有 ⟷ 应有尽有　　乱七八糟 ⟷ 井然有序

力所能及 ⟷ 无能为力　　前所未有 ⟷ 司空见惯

臭名远扬 ⟷ 青史留名　　别无所求 ⟷ 梦寐以求

# liǎng miàn sān dāo
# 两面三刀

**释 义** 指要两面手法，当面一套，背后一套。

**例 句** 他不只言行不一，更是两面三刀，暗中陷害竞争对手。

**近义词** 阳奉阴违    **反义词** 表里如一

 两和三是一对好朋友，经常一起出现在成语中，请你将这对好朋友送回下列成语里。

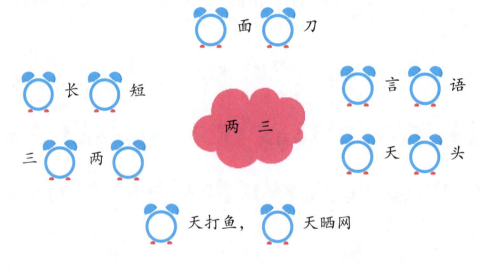

〇 面 〇 刀

〇 长 〇 短          〇 言 〇 语

                两 三

三 〇 两 〇          〇 天 〇 头

〇 天打鱼，〇 天晒网

 成语小课堂

**成语计算器**

举一反三 ＋ 两面三刀 ＝ 三十六计

qīng miàn liáo yá
# 青面獠牙

 **释　义**　青面：铁青的面孔。獠牙：露在嘴外的长牙。铁青的面孔上长着很长的牙齿。形容面貌凶恶。

 **例　句**　她昨晚梦见青面獠牙的鬼怪向她扑来，吓得她满头大汗地醒来。

 成语游戏　下列成语都丢了一字，你能找出来吗？

 青面獠　　　　　　虎口拔　　　　　　咬切齿

 佶屈聱　　　　　　以牙还　　　　　　张舞爪

## 成语小课堂

含有"青"字的成语

青面獠牙　　名垂青史　　炉火纯青　　万古长青
青梅竹马　　青红皂白　　黄卷青灯　　丹青妙手

# 十全十美
shí quán shí měi

**释义** 指一点缺点也没有，样样都好得很。

**例句** 你对他不要太苛求，人没有十全十美的。

**近义词** 完美无缺　尽善尽美

 看看左边童话中的人物图，将右边的成语补充完整，并在下面的横线处填出她们的名字。

十全十　助为乐

沉落雁

_____

一清二　冰天地

大无私　不由自

_____

 成语小课堂

## ABAC 式成语

十全十美　半信半疑　诚心诚意　不伦不类

若隐若现　多才多艺　人见人爱　无边无际

yǎn yǎn yī xī
# 奄奄一息

 **释义** 奄奄：呼吸微弱的样子。形容人或动物生命垂危。

 **例句** 在医生和护士们的努力抢救下，这个奄奄一息的战士终于得救了。

 **近义词** 危在旦夕 气息奄奄

  **成语游戏** 有趣的成语减法。

一言 ⌢ 鼎
－ 五花 ⌢ 门
―――――――
奄奄 ⌢ 息

　 ⌢ 湖四海
－ ⌢ 心二意
―――――――
⌢ 全其美

　 ⌢ 仙过海
－ ⌢ 无所有
―――――――
⌢ 上八下

 **成语小课堂**

## "奄奄一息"成语接龙

奄奄一息→息息相关→关怀备至→至理名言→
言听计从→从容不迫→迫不及待→待价而沽

# jiàn wēi zhī zhù
# 见微知著

**释 义** 微：微小。著：明显。看到事物的一点苗头，便可以知道事物的发展趋势或问题的实质。

**例 句** 见微知著，小小的言行足以反映出一个人的教养与修为。

**近义词** 以小见大　一叶知秋

 **成语游戏** 在花心中填入一个字，使它能与花瓣上的其他字组成成语。快让花朵开放吧。

见微（　）著

一叶（　）秋　　（　）　　一（　）半解

（　）难而退　　（　）己知彼

 **成语小课堂**

### 内含反义词的成语

见微知著　赏罚分明　死里逃生　轻重缓急
逢凶化吉　大街小巷　古往今来　恩怨分明

# qīng chū yú lán
# 青出于蓝

**释 义** 比喻学生胜过老师或后辈超过前辈。

**例 句** 这批年轻人业务水平突出，真是青出于蓝而胜于蓝。

**近义词** 冰寒于水

 "于"在有些成语中表示"比"的意思，一起来填写下列这样的成语吧。

 出于 〇 　　〇 寒于 〇

 浓于 〇 　　〇 胜于 〇

**成语小课堂**

### 成语出处

《荀子·劝学》：青，取之于蓝，而青于蓝；冰，水为之，而寒于冰。

# 一、看拼音，写成语。

| xíng | xíng | sè | sè | | qiān | jūn | yī | fà | | hǔ | shì | dān | dān |
|---|---|---|---|---|---|---|---|---|---|---|---|---|---|
| | | | | | | | | | | | | | |

| xiǎo | xīn | yì | yì | | miào | bǐ | shēng | huā | | jiàn | wēi | zhī | zhù |
|---|---|---|---|---|---|---|---|---|---|---|---|---|---|
| | | | | | | | | | | | | | |

# 二、看图猜成语。

1._____    2._____

# 三、读句子，填入合适的成语。

1. 他在台上（　　　）地演讲，大家都聚精会神地听着。

2. 经过一番明争暗斗，政客们开始一个个（　　　）了。

3. 做作业应当认认真真，不能（　　　）。

4. 她在唐诗研究方面取得的成果比她的老师更多，真是（　　　）。

# 参考答案

**P2**

| 柳 | 绿 | 桃 | 红 | 肥 | 绿 |
|---|---|---|---|---|---|
| 春 | 暖 | 花 | 开 | 红 | 瘦 |
| 色 | 风 | 草 | 长 | 装 | 绿 |
| 满 | 园 | 锦 | 莺 | 飞 | 裹 |

**P3**　万 千 八 六 十 九 一 百
从大到小排序：万＞千＞百＞十＞九＞八＞六＞一

**P4**　万 风 散 淡 九 过 雾 响

**P5**　杏 梅 梅 兰 兰 菊 桃花 昙花 黄花 芙蓉

**P6**　夸张类：三头六臂　怒发冲冠　胆大包天
比喻类：刀山火海　呆若木鸡　冷若冰霜　骨瘦如柴
拟人类：鸟语花香　兔死狐悲　闭月羞花

**P7**　十五个吊桶打水——七上八下　　鲁班门前耍斧——不自量力
小葱拌豆腐——一清二白　　　　螃蟹过街——横行霸道
黄鼠狼给鸡拜年——没安好心　　孙悟空的脸——说变就变

**P8**　**练一练**
一、山清水秀　日积月累　万众一心　和风细雨　鸟语花香　七上八下
二、1. 百花齐放　　2. 鸟语花香
三、白 家 亡 牢 破 笑 刀 海 清 月 高

**P10**

| 叶 | 落 | 不 | 两 | 立 |
|---|---|---|---|---|
| 深 | 根 | 归 | 誓 | 海 | 竿 |
| 蒂 | 池 | 铁 | 山 | 盟 | 见 |
| 固 | 汤 | 城 | 刀 | 海 | 影 |
| 若 | 金 | 门 | 失 | 火 |

**P11**　五 十 三 六 一 两 四 八

| P12 | 百 见 三 一年 三天 两天 和尚 一天 努力 伤悲 |
|-----|-----|
| P13 | 色 拉 色拉 面 包 面包 面 条 面条 油 条 油条 |
| P14 | 1. 语 文 语文 2. 语 文 语文 3. 数 学 数学<br>4. 体 育 体育 5. 美 术 美术 6. 地 理 地理 |
| P15 | 千 万 自 自 甜 蜜<br>三 两 不 不 花 巧 |
| P16 | 东张西望——左顾右盼 东躲西藏——东逃西窜<br>东山再起——卷土重来 东窗事发——原形毕露 |
| P17 | 夸张类：③⑧<br>比喻类：①②⑤⑦⑨⑩<br>拟人类：④⑥ |
| P18 | 如 措 恐 弓 失 悸 跳 首 缩 |
| P19 | 春天：草长莺飞 鸟语花香 夏天：火伞高张 烈日炎炎<br>秋天：橙黄橘绿 秋高气爽 冬天：天寒地冻 冰天雪地 |
| P20 | xìng 兴 xīng 兴 dòu 斗 dǒu 斗<br>méi 没 mò 没 luò 落 là 落 |
| P21 | 舍 流连 依依 舍 分 舍 肠 肚 |
| P22 | 花 生 花生 瓜 子 瓜子<br>软 糖 软糖 话 梅 话梅 |

P23

| P24 | 九 八 三 六 八 三 五 四<br>电话号码：98368354 |
|-----|-----|
| P25 | 牛 虎 鸡 蛇 狐 虎 鼠 兔 狼 虎 猴 马 |
| P26 | **练一练**<br>一、冰天雪地 山穷水尽 风平浪静 兴高采烈 赏心悦目 山高路远 |

二、1. 东张西望　2. 胆小如鼠

三、志 远 前 有 眼 快 鞭 及 乐 悲 合

# 三年级

| P28 | 耳 眼 耳 耳 口 眼 鼻 眼 舌 |
|---|---|
| P29 | 橙 枣 梨 瓜 桃 李 瓜 杏 梅 |
| P30 | 青黄 黄白 黑白 青 青 白 黑 赤 白 |
| P31 | 春天：④⑤⑧　夏天：②⑨⑪<br>秋天：①⑥⑩　冬天：③⑦⑫ |
| P32 | 谷 米 瓜 瓜 枣 藕 梨 瓜 瓜 豆 豆 |
| P33 | 实实 是是 明明 白白 家家 短短 接接 三三 |
| P34 | 厚→后　花→发　急→疾　公→恭　宏→红　清→青　风→丰　兴→星 |
| P35 | 枪法准——百发百中　　力气大——力能扛鼎<br>胆子大——胆大包天　　想法多——足智多谋<br>看书快——一目十行　　走路快——大步流星 |
| P36 | 胜—负　生—死　大—小<br>错—对　开—关　有—无 |
| P37 | 条条大路通罗马——四通八达　　篮子打水一场空——镜花水月<br>一山不容二虎——两虎相斗　　赶鸭子上架——强人所难<br>大鱼吃小鱼，小鱼吃虾米——弱肉强食 |
| P38 | 平 脚 壁 五 八 五 面 面 海 |
| P39 | 舌头 舌头　手指 手指　眼睛 眼睛　嘴巴 嘴巴 |
| P40 | 动物：虎头虎脑　千军万马<br>植物：百花齐放　人面桃花　胸有成竹<br>器官：张口结舌　人面桃花　虎头虎脑　七手八脚<br>　　　出人头地　胸有成竹 |
| P41 | 千 十 万 百 个<br>从小到大排序：个＜十＜百＜千＜万 |
| P42 |  |

P43

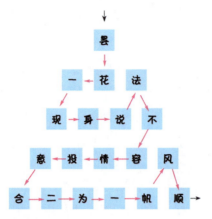

P44　**练一练**

一、鸦雀无声　忐忑不安　寸步难行　丢三落四　津津有味　窃窃私语

二、1. 五谷丰登　2. 虎口逃生

三、行　水　接　断　义　天　设　地　长　月　容

# 四年级

P46　婆婆妈妈　是是非非　支支吾吾　三三两两

P47　明　天　明天　去　年　去年　往　日　往日　来　年　来年

P48　三　七　二十一　　　　五　七　三十五

P49　一　二　三　四　五　六　七　八　九　十

P50　庐　山　庐山　天　津　天津　上　海　上海　海　南　海南

P51　1. 语　文　语文　2. 地　理　地理　3. 数　学　数学　4. 音　乐　音乐

P52　相貌堂堂　小心翼翼　风度翩翩　书声琅琅

P53　鹤发童颜→颜面扫地→地久天长→长驱直入→入木三分→分秒必争→争先恐后→后来居上

P54　车水马龙——车像流水，马像游龙　　川流不息——车子一辆接着一辆
　　　分道扬镳——十字路口右拐弯　　　风驰电掣——车子跑得飞快
　　　欲速则不达——不能超速行驶

P55　闻　观　观　看　听　看　听　闻　闻　闻　观　观

**P56**

| 黑 | 白 | 分 | 明 | 五 | 光 | 十 | 色 |
|---|---|---|---|---|---|---|---|
| 五 | 谷 | 丰 | 登 | 万 | 紫 | 千 | 红 |
| 颜 | 面 | 扫 | 地 | 绚 | 丽 | 多 | 彩 |
| 六 | 神 | 无 | 主 | 五 | 彩 | 斑 | 斓 |
| 色 | 彩 | 斑 | 斓 | 绿 | 草 | 如 | 茵 |

**P57** 眼 睛 眼睛　手 指 手指　眉 毛 眉毛　嘴 巴 嘴巴

**P58** 白 梅 白梅　水 仙 水仙　桂 花 桂花　月 季 月季

**P59** 口 耳 眼 鼻 口 耳 口 鼻 眉

**P60** 金碧辉煌→黄金时代→代人受过→过目不忘→忘恩负义→义不容辞→辞旧迎新→新陈代谢→谢天谢地

**P61** 彬彬　步步　楚楚　洋洋　苍苍　鼎鼎

**P62** **练一练**

一、三顾茅庐　车水马龙　点睛之笔　五彩斑斓　相貌堂堂　朗朗上口

二、1. 三头六臂　2. 白雪皑皑

三、1. 一丝一毫　2. 浩浩荡荡　3. 鹤发童颜　4. 彬彬有礼

## 五年级

**P64** 姹紫嫣红→红颜白发→发愤图强→强词夺理→理屈词穷→穷途末路→路见不平→平步青云→云淡风轻

**P65** 百 十 千　六 九 五 四　三 六 一 二 四 八

**P66** 完璧归赵——蔺相如　指鹿为马——赵高　讳疾忌医——蔡桓公
多多益善——韩信　举一反三——孔子　磨杵成针——李白
凿壁偷光——匡衡

**P67** 千真万确——半信半疑　千差万别——一模一样
千言万语——三言两语　千辛万苦——毫不费力

**P68** 一五一十　接二连三　颠三倒四　三五成群　丢三落四

**P69** 八仙过海，各显神通　　十年树木，百年树人
近朱者赤，近墨者黑　　眼观六路，耳听八方

**P70** 南 东　中 北　外 西　下 北

**P71** 军 龙　足 门　金 奔　足 神　礼 胜　纸 草

**P72** 化 学 化学　语 文 语文　　数 学 数学　　地 理 地理

**P73** 面 条 面条　包 子 包子　　油 条 油条　　饼 干 饼干

**P74**

枝→修→竹→长→问
繁→林→报→问→短
叶→茂→平→好→小
乐→居→安→学→精
业→精→于→勤→悍

**P75** 解 答 解答　交 谈 交谈　　讨 论 讨论　　提 问 提问

**P76**
栩栩如生→生生不息→息息相关→关怀备至→至高无上→上天入地→地久天长

栩栩如生→生离死别→别具一格→格格不入→入木三分→分秒必争→争先恐后

**P77** 念念不忘　忧心忡忡　生生不息　亭亭玉立　书声琅琅　姗姗来迟

**P78** 茂盛　美好　高兴　顺利

**P79** 顶天立地　天长地久　冰天雪地　天高地厚　天翻地覆　惊天动地

**P80** 今中　西南　月 辰　地山　笔　纸 书画　衣 住 喜 乐 油盐

**P81**
最能击中的要害——一针见血　　最快的读书——一目十行
最宝贵的时间——一刻千金　　最长的腿——一步登天
最快的马——一日千里

**P82**
跃跃欲试——摩拳擦掌　　无精打采——昏昏欲睡
为所欲为——随心所欲　　呼天抢地——痛不欲生

**P83**
遥遥领先——后顾之忧　　神通广大——小鸟依人
夜长梦多——少见多怪　　知难而退——进退维谷

**P84**

月→雪→花→月→明　白
黑　豆→风→清→分→非
风→蔻→青　梅　求→是
高　年→华→而→事　情
枕→无　花　不→实　物
头→忙→心→忡→忡　体

参考答案

**P86** 练一练
一、姹紫嫣红　面面相觑　栩栩如生　风花雪月　遥遥领先　豆蔻年华
二、1.一针见血　2.八仙过海，各显神通
三、1.完璧归赵　2.千变万化　3.栩栩如生　4.遥遥领先

# 六年级

**P88** 孤芳自赏→赏心悦目→目中无人→人多势众→众口铄金→金戈铁马→马到成功→功败垂成

**P89** 色色　颜　色　色　色　颜　颜　颜　色　色　色

**P90** 惊动　开辟　冰雪　顶立

**P91** 整整齐齐→齐心协力→力不从心→心安理得→得心应手→手不释卷→卷土重来→来之不易→易如反掌

**P92** 钧＞两　八＜九　杯＝杯　千＞百

**P93** 滔滔不绝——口若悬河　　锲而不舍——水滴石穿
冰清玉洁——一尘不染　　忠心耿耿——肝胆相照

**P94** 化为乌有　光芒四射　荒无人烟　口耳相传　气势磅礴　简单明了

**P95** 虎＞蛇　兔＜牛　羊＜象　鸡＝鸡

**P96** 怒　哀　喜　喜　怒　乐　喜　乐　怒

**P97** 词　井井　无　无　碌碌　有　有　有　无　六神　洞天　有　无

**P98** 模样　五十　心意　点滴

**P99** 呈现　呈现　跳舞　跳舞　理解　理解　跑步　跑步

**P100** 小心翼翼　小肚鸡肠　小家碧玉　小巧玲珑

123

**P101**

| 专 | 心 | 致 | 志 | 东 | 张 | 西 | 望 |
|---|---|---|---|---|---|---|---|
| 万 | 众 | 一 | 心 | 一 | 意 | 孤 | 行 |
| 才 | 聚 | 宝 | 盆 | 目 | 中 | 无 | 人 |
| 貌 | 精 | 一 | 丝 | 不 | 苟 | 言 | 笑 |
| 双 | 会 | 传 | 百 | 转 | 千 | 回 | 扣 |
| 全 | 神 | 贯 | 注 | 睛 | 石 | 为 | 开 |

**P102** 墨　粉　墨　墨　墨　粉

**P103** 吕　布　吕布　　孙　权　孙权　　西　施　西施　　貂　蝉　貂蝉

**P104** 褒义词：画龙点睛　卧虎藏龙　　贬义词：照猫画虎　狐假虎威
　　　　龙马精神　生龙活虎　　　　　　　虎视眈眈　叶公好龙

**P105** 爱听爱看——喜闻乐见　　　　十五个人吃饭——七嘴八舌
在北极说话——冷言冷语　　　挥毫画牡丹——妙笔生花
显微镜广告——无微不至　　　遇事不求人——自力更生

**P106** 马马虎虎——粗心大意　　　吞吞吐吐——含糊其词
隐隐约约——若隐若现　　　断断续续——时续时断

**P107** 早晨：旭日东升　雄鸡报晓
中午：艳阳高照　日上三竿　烈日当空　骄阳似火
晚上：繁星满天　三更半夜

**P108** 碎　步　碎步　　方　步　方步　　健　步　健步　　大　步　大步

**P109** 无　西　地　少　旧　先　来　北　左　下　后　里

**P110** 两　三　　三　两　　三　两　　三　两　　三　两　　三　两

**P111** 青面獠牙　虎口拔牙　咬牙切齿　佶屈聱牙　以牙还牙　张牙舞爪

**P112** 十全十美　助人为乐　沉鱼落雁　　　　　　美人鱼
一清二白　冰天雪地　大公无私　不由自主　　　白雪公主

**P113** 九　八　一　　五　三　两　　八　一　七

**P114** 知：见微知著　一叶知秋　一知半解　知难而退　知己知彼

**P115** 青　蓝　　冰　水　　血　水　　聊　无

**P116** 练一练

一、形形色色　千钧一发　虎视眈眈　小心翼翼　妙笔生花　见微知著
二、1. 怒气冲冲　2. 画龙点睛
三、1. 滔滔不绝　2. 粉墨登场　3. 马马虎虎　4. 青出于蓝

124

# 课本里的成语汇总

## 一年级上册

山清水秀　柳绿桃红　日积月累　东西南北　一年之计在于春
一寸光阴一寸金　万众一心　种瓜得瓜，种豆得豆
前人栽树，后人乘凉　千里之行，始于足下　百尺竿头，更进一步

## 一年级下册

| | | | | |
|---|---|---|---|---|
| 万里无云 | 春回大地 | 柳绿花红 | 莺歌燕舞 | 百花齐放 | 各种各样 |
| 桃花潭水 | 和风细雨 | 鸟语花香 | 一清二白 | 竹篮打水 | 七上八下 |
| 十字路口 | 敏而好学 | 不耻下问 | 读书百遍，其义自见 | | |
| 读万卷书，行万里路 | | 妖魔鬼怪 | 千门万户 | | |

## 二年级上册

四海为家　冰天雪地　十年树木，百年树人　叶落归根
己所不欲，勿施于人　言而有信　含苞欲放　百花争艳　春色满园
四面八方　更上一层楼　山穷水尽　烟消云散　名山大川
奇形怪状　一枝独秀　名不虚传　百闻不如一见　隐隐约约
五光十色　欢声笑语　流连忘返　清风明月　无边无际　得过且过
自言自语　不言不语　只言片语　三言两语　千言万语　豪言壮语
少言寡语　甜言蜜语　刻舟求剑　安居乐业　三过其门而不入
有志者事竟成　穷且益坚　青云之志　云开雾散　风雨交加
寒风刺骨　鹅毛大雪　电闪雷鸣　狐假虎威　神气活现　摇头摆尾
半信半疑　东张西望　大摇大摆　风和日丽　风平浪静　风调雨顺
狼吞虎咽　龙飞凤舞　鸡鸣狗吠　惊弓之鸟　漏网之鱼　害群之马
胆小如鼠　如虎添翼　如鱼得水

## 二年级下册

| | | | | | |
|---|---|---|---|---|---|
| 草长莺飞 | 梳妆打扮 | 躲躲藏藏 | 绚丽多彩 | 五颜六色 | 碧空如洗 |
| 引人注目 | 兴致勃勃 | 野火烧不尽，春风吹又生 | | 意想不到 | |
| 恋恋不舍 | 锦上添花 | 雪中送炭 | 炎黄子孙 | 奋发图强 | 繁荣昌盛 |
| 大街小巷 | 牛郎织女 | 九霄云外 | 弯弯曲曲 | 高高兴兴 | 不好意思 |
| 昏头昏脑 | 摇摇晃晃 | 兴高采烈 | 亡羊补牢 | 揠苗助长 | 结结实实 |
| 筋疲力尽 | 老老实实 | 和颜悦色 | 视而不见 | 赏心悦目 | 连蹦带跳 |
| 眉开眼笑 | 破涕为笑 | 捧腹大笑 | 一动不动 | 刨根问底 | |
| 九牛二虎之力 | 生机勃勃 | 尽心竭力 | 与世隔绝 | 笨手笨脚 | |
| 色彩斑斓 | 一望无边 | 反反复复 | 羿射九日 | 慌慌张张 | 救死扶伤 |
| 山高路远 | 万水千山 | | | | |

## 三年级上册

| | | | | | |
|---|---|---|---|---|---|
| 糊里糊涂 | 鸦雀无声 | 摇头晃脑 | 披头散发 | 张牙舞爪 | 提心吊胆 |
| 面红耳赤 | 手忙脚乱 | 眼疾手快 | 口干舌燥 | 橙黄橘绿 | 五彩缤纷 |
| 春光明媚 | 忐忑不安 | 秋高气爽 | 天高云淡 | 一叶知秋 | 五谷丰登 |
| 春华秋实 | 争先恐后 | 喜怒哀乐 | 寸步难行 | 无奇不有 | 百发百中 |
| 百战百胜 | 百依百顺 | 四通八达 | 四平八稳 | 七嘴八舌 | 七手八脚 |
| 人心齐，泰山移 | | 二人同心，其利断金 | | 三个臭皮匠，当个诸葛亮 | |
| 细雨如丝 | 淡妆浓抹 | 呢喃细语 | 汹涌澎湃 | 波澜壮阔 | 井然有序 |
| 千姿百态 | 雨后春笋 | 超凡脱俗 | 上上下下 | 分门别类 | 气焰嚣张 |
| 当头一棒 | 争分夺秒 | 丢三落四 | 目瞪口呆 | 耳闻目睹 | |

## 三年级下册

| | | | | | |
|---|---|---|---|---|---|
| 光彩夺目 | 挨挨挤挤 | 翩翩起舞 | 严丝合缝 | 守株待兔 | 南辕北辙 |
| 相提并论 | 和睦相处 | 翻来覆去 | 迫不及待 | 不慌不忙 | 痛痛快快 |
| 没精打采 | 灰心丧气 | 虎口逃生 | 滔滔滚滚 | 无忧无虑 | 忙忙碌碌 |
| 源源不断 | 津津有味 | 邯郸学步 | 滥竽充数 | 掩耳盗铃 | 自相矛盾 |

画蛇添足　杞人忧天　井底之蛙　杯弓蛇影　发人深省　叶公好龙
雷电交加　似曾相识　代代相传　历久弥新　学富五车　清清楚楚
活灵活现　来来往往　琴棋书画　望闻问切　窃窃私语　争奇斗艳
昙花一现　确确实实　气喘吁吁　夺门而出　规规矩矩　耿耿于怀
多才多艺　人谁无过　无穷无尽　千千万万　物产丰富　一模一样
恍恍惚惚　人见人爱　兵来将挡，水来土掩　不入虎穴，焉得虎子
眼见为实，耳听为虚　近朱者赤，近墨者黑　人山人海　各式各样
翻山越岭　走南闯北　晕头转向　善罢甘休　健步如飞

## 四年级上册

人声鼎沸　浩浩荡荡　山崩地裂　无处不在　摇摇欲坠　心旷神怡
锣鼓喧天　震耳欲聋　响彻云霄　低声细语　悄无声息　横七竖八
呼风唤雨　出乎意料　腾云驾雾　好问则裕　庐山真面目　随遇而安
精疲力竭　精卫填海　愤愤不平　钻木取火　茹毛饮血　惊慌失措
爱憎分明　惩恶扬善　上天入地　神机妙算　各显神通　三头六臂
神通广大　未卜先知　碧海青天　熠熠生辉　形影不离　摇摇摆摆
雨过天晴　通情达理　哄堂大笑　接连不断　垂头丧气　顾名思义
重整旗鼓　不甘人后　得心应手　不伦不类　一丝一毫　不败之地
设身处地　自由自在　尺有所短，寸有所长　机不可失
差之毫厘，谬以千里　病从口入，祸从口出　一言既出，驷马难追
比上不足，比下有余　万里长征　为之一振　热闹非凡　左顾右盼
干干净净　深居简出　随时随地　斩钉截铁　志存高远　精忠报国
大义凛然　视死如归　铁面无私　刚正不阿　面如土色　一声不响
深入骨髓　无能为力　聚精会神　凿壁借光　三顾茅庐　心急如焚
胆战心惊　魂飞魄散　喜出望外　手舞足蹈　热泪盈眶　欣喜若狂
长途跋涉　眉清目秀　亭亭玉立　明眸皓齿　文质彬彬　相貌堂堂
威风凛凛　膀大腰圆　短小精悍　鹤发童颜　慈眉善目　老态龙钟

## 四年级下册

| | | | | | |
|---|---|---|---|---|---|
| 天高地阔 | 车水马龙 | 依山傍水 | 鸡犬相闻 | 前俯后仰 | 五彩斑斓 |
| 点睛之笔 | 天之骄子 | 九天揽月 | 勃勃生机 | 奇思妙想 | 古木参天 |
| 苍翠欲滴 | 姗姗来迟 | 白雪皑皑 | 朗朗上口 | 变化多端 | 颤颤巍巍 |
| 大模大样 | 从容不迫 | 扬长而去 | 空空如也 | 不胜其烦 | 慢条斯理 |
| 耀武扬威 | 神清气爽 | 金碧辉煌 | 铁杵成针 | 不约而同 | 悬梁刺股 |
| 程门立雪 | 手不释卷 | 一片冰心 | 葬身鱼腹 | 势不可当 | 失魂落魄 |
| 舍己救人 | 镇定自若 | 纹丝不动 | 临危不惧 | 彬彬有礼 | 自强不息 |
| 怨天尤人 | 生于忧患， | 死于安乐 | 不可一世 | 坐井观天 | 学海无涯 |

## 五年级上册

| | | | | | |
|---|---|---|---|---|---|
| 美中不足 | 姹紫嫣红 | 神气十足 | 不动声色 | 朴实无华 | 完璧归赵 |
| 负荆请罪 | 难以置信 | 一夫当关， | 万夫莫开 | 熟能生巧 | 不计其数 |
| 左右为难 | 奋不顾身 | 喋喋不休 | 悠然自得 | 千真万确 | 勤勤恳恳 |
| 花花绿绿 | 一五一十 | 富丽堂皇 | 天兵天将 | 气急败坏 | 畏首畏尾 |
| 望眼欲穿 | 直言不讳 | 饮水思源 | 耳熟能详 | 八仙过海， | 各显神通 |
| 口耳相传 | 热气腾腾 | 不拘一格 | 万马齐喑 | 朝气蓬勃 | 来日方长 |
| 举世闻名 | 玲珑别透 | 诗情画意 | 天南海北 | 奇珍异宝 | 梦寐不忘 |
| 祸从天降 | 尸横遍野 | 生灵涂炭 | 绿树成荫 | 偏安一隅 | 足智多谋 |
| 呕心沥血 | 臭名远扬 | 得意忘形 | 诡计多端 | 处心积虑 | 众星拱月 |
| 太平盛世 | 国泰民安 | 丰衣足食 | 政通人和 | 人寿年丰 | 夜不闭户 |
| 路不拾遗 | 多事之秋 | 兵荒马乱 | 流离失所 | 家破人亡 | 哀鸿遍野 |
| 民不聊生 | 内忧外患 | 无影无形 | 舐犊之情 | 手脚并用 | 密密层层 |
| 千变万化 | 得意扬扬 | 一如既往 | 呱呱坠地 | 同舟共济 | 众志成城 |
| 字里行间 | 居安思危 | 半丝半缕 | 月落乌啼 | 成群结队 | 应接不暇 |
| 面面相觑 | 大呼小叫 | 枝繁叶茂 | 夕阳西下 | 斜风细雨 | 学而不厌 |
| 诲人不倦 | 桃园结义 | 一知半解 | 分久必合 | 哭哭啼啼 | 栩栩如生 |
| 索然无味 | 朦朦胧胧 | 心动神移 | 流光溢彩 | 天长日久 | 如醉如痴 |

浮想联翩　囫囵吞枣　不求甚解　悲欢离合　牵肠挂肚　如饥似渴
不言而喻　千篇一律　天高气爽　别出心裁　与众不同　大显身手
心安理得　念念不忘　见义勇为　源头活水

## 五年级下册

光芒四射　不可胜数　恍然大悟　乐此不疲　相映成趣　百川归海
不期而遇　离乡背井　风光旖旎　无边无垠　碧波万顷　寸草春晖
茂林修竹　颇负盛名　不厌其烦　顶天立地　踉踉跄跄　拖男挈女
喜不自胜　天造地设　伸头缩颈　抓耳挠腮　力倦神疲　大千世界
凌云之志　多愁善感　刀山火海　扣人心弦　动人心魄　豪情壮志
儿女情长　风花雪月　人情冷暖　心领神会　寒来暑往　秋收冬藏
情不自禁　浴血奋战　一针见血　从容镇定　汗如雨下　肃然起敬
舍己为公　久别重逢　手疾眼快　精神抖擞　仰面朝天　天衣无缝
助人为乐　忠于职守　全神贯注　跃跃欲试　遥遥领先　龇牙咧嘴
成千上万　泰然自若　豆蔻年华　纵横交错　花团锦簇　水天相接
极目远眺　各有所长　左膀右臂　养尊处优　随心所欲　绞尽脑汁
默不作声　大气磅礴

## 六年级上册

高歌一曲　一碧千里　平淡无味　明月清风　芬芳馥郁　硕大无朋
婆娑起舞　心驰神往　顾影自怜　孤芳自赏　形形色色　满腔怒火
热血沸腾　居高临下　粉身碎骨　昂首挺胸　坚强不屈　惊天动地
气壮山河　迎风招展　排山倒海　整整齐齐　震天动地　千钧一发
无微不至　各抒己见　滔滔不绝　时时刻刻　竭尽全力　婉言谢绝
鞠躬尽瘁　死而后已　前功尽弃　没头没脑　呆头呆脑　歪歪斜斜
挖空心思　叱咤风云　技高一筹　弄巧成拙　泰山压顶　作鸟兽散
虎视眈眈　大步流星　怒气冲冲　暴露无遗　一无所获　念念有词
忘乎所以　相视而笑　两手空空　心满意足　轻手轻脚　化为乌有
沧海一粟　龙凤呈祥　亭台楼阁　天寒地冻　能工巧匠　惟妙惟肖

万紫千红　跌跌撞撞　寒风呼啸　心惊肉跳　指手画脚　不假思索
神志不清　天摧地塌　忠厚老实　满满当当　不声不响　理直气壮
小心翼翼　一丝不苟　照章办事　眉飞色舞　一尘不染　和蔼可亲
风雨同舟　三番五次　不紧不慢　世世代代　伯牙绝弦　锦囊玉轴
拊掌大笑　高山流水　波涛汹涌　丰富多彩　约定俗成　不可开交
戛然而止　拿手好戏　粉墨登场　字正腔圆　有板有眼　科班出身
黄钟大吕　轻歌曼舞　行云流水　巧夺天工　画龙点睛　笔走龙蛇
妙笔生花　一望无际　失声痛哭　各色各样　张冠李戴　马马虎虎
匆匆忙忙　饱经风霜　模模糊糊　三更半夜　颜筋柳骨　埋头苦干
为民请命　舍身求法

# 六年级下册

零七八碎　万象更新　男女老少　截然不同　无暇顾及　悬灯结彩
独出心裁　各形各色　残灯末庙　进进出出　垂涎欲滴　泣涕如雨
盈盈一水　脱缰之马　一无所有　能歌善舞　身无分文　两面三刀
青面獠牙　地广人稀　优哉游哉　万事如意
少壮不努力，老大徒伤悲　惊恐万分　前所未有　荒无人烟
不时之需　心平气和　重见天日　无济于事　乌合之众　一清二楚
头晕目眩　诚心诚意　软弱无力　灯火通明　十全十美　不可思议
独一无二　勇往直前　引人入胜　荒诞不经　司空见惯　一声不吭
一生一世　引车卖浆　骄阳似火　柴米油盐　清风朗月　一视同仁
归心似箭　追悔莫及　接二连三　由远而近　地动山摇　重于泰山
轻于鸿毛　精兵简政　死得其所　目不转晴　三长两短　重重叠叠
奄奄一息　良药苦口　见微知著　锲而不舍　悬崖峭壁　狂风怒号
鄙夷不屑　走马观花　自愧弗如　声泪俱下　不以为然　过犹不及
赴汤蹈火　穷则思变　青出于蓝　依依不舍　娓娓动听　身临其境
恭恭敬敬　依依惜别　心有灵犀一点通　信手拈来　誉满天下
一笔一画　稚气未脱　无怨无悔　回味无穷　杨柳依依　红杏出墙